話を噛み合わせる技術

噛み合わない相手に困っているあなたへ

Getting through to unreasonable people

(株)アタックス・セールス・アソシエイツ
代表取締役社長
横山信弘 著

フォレスト出版

プロローグ

あの人と話していると、「話が前に進まない」「話がこじれる」「話がややこしくなる」……。

あなたのまわりに、そんな人はいませんか？

仕事でもプライベートでも、そのような相手と話していると、無駄な会議が増えたり、目標が達成できなかったり、ストレスが溜まったり、あらゆるデメリットが生じてくるものです。

本書では、

なぜ話にならないのか？
なぜ話がつながらないのか？
なぜ話が前へ進まないのか？
なぜ話がこじれるのか？
なぜ話がややこしくなるのか？

人と人との会話の問題をすべて「話が噛み合わない」ことが原因ととらえ、

話が噛み合わなくなる「原因」は何なのか？
話が噛み合わない「要注意人物」とは、どういう人なのか？
話を噛み合わせるには、どういう方法があるのか？

を具体的に解説していきます。

なぜ「話し方」以上に「話を噛み合わせる技術」が必要なのか？

私は「話し方」「伝え方」「プレゼンテーション」を教えるセミナーや研修の講師ではありません。

私は企業の現場に入り込んで目標を「絶対達成」させるコンサルタントです。「話し方」の専門家ではありませんが、だからこそ言えることがあります。

ビジネスで目標を達成するうえで重要なスキルは、「話し方」ではありません。**「話を前に進める力」**です。

そのためには、話を噛み合わせるためのテクニックを知り、身につける必要があります。

組織では目標を「絶対達成」するために、相互コミュニケーションのクオリティは、以前よりいっそう求められるようになりました。話が噛み合わず、「話がややこしくなる」「話にならない」……といった現象が起こると、達成できる目標も達成できなくなるからです。

さらに、昨今は目標達成のみならず、**業務効率も強く求められる**時代です。「話が前に進まない」状態が続くと、時間ばかりがかかって効率がとても悪くなります。

「話が噛み合う」とは、「歯車が噛み合う」とたとえられます。

歯車が正しく噛み合わないと、動力が伝わりません。「空回り」を続け、エネルギーの無駄遣いが発生するのです。まさに「コミュニケーション効率」が悪い状態になります。

外部環境が目まぐるしい勢いで変化する現在、「話し方」のスキル以上に「話を噛み合わせる技術」が求められているのです。

ただ今、話が噛み合わない「要注意人物」増加中

「話し方」を勉強しても、「話を噛み合わせる」技術を磨くことはできません。

厄介なことに、**話すのが好きな人、雄弁な人、弁が立つ人ほど、話をしていても噛み合わないことが意外に多い**からです。

思い込みが激しく、人の話を聞かず、独りよがりに話す人は、特に要注意です。

わかりやすい例が「政治家」。「評論家」「コメンテーター」も同じ部類です。テレビ番組で「政治家」と「コメンテーター」が激論を交わしていても、ほとんど話が噛み合っていません。組織の中に「政治家的な人」「評論家的な人」がいると、話を前に進めようとしている私たちを困らせます。

最近、話が噛み合いづらいケースや相手が増えてきている、1つの大きな原因があります。

それは、**インターネット、SNSの発達**です。

高度情報化時代となり、「一方通行」的な情報配信が激増しました。ビジネスにおいても、日常生活においても、面と向かってリアルタイムの「会話」をすることが以前と違って減りました。会話するといっても、メール、LINE、ツイッターやフェイスブックなどのSNSを使う機会が多くなっています。

そのせいで話が噛み合わず、お互いの関係をこじらせることがあるのです。

話が噛み合わない人には、相手を「外国人」だと思って接する

相手がしがらみのない関係であれば、「その人と距離を置く」という対策ができるでしょう。

しかし、上司や部下、お客様、チームスタッフなど、ビジネス上の人間関係はもちろん、PTAやママ友、ご近所付き合いといった、プライベートにおいて付き合わざるを得ない人間関係だと、こちらが一方的に距離を置いたり、あきらめたりするわけにはいきません。

では、話が噛み合わない相手とコミュニケーションを取らなければならないときには、どのようにすればいいのでしょうか?

本書で詳しく述べますが、話が噛み合わない人には、相手を「外国人」だと思って接することが重要になってきます

英会話を例にすると、わかりやすいでしょう。

英語を勉強するうえで大切なのは、**「語彙」「文法」「リスニング」「リーディング」**の4つです。

相手が使っている「単語やボキャブラリー」の意味がわからないと、話が噛み合いません。「文法」が間違っていると、話が通じないですし、勘違いされやすくなります。

そして何よりも大事になってくるのが、「リスニング」「リーディング」の能力です。

「自分（相手）が話していることを、正しく認知しているか？」「書いてある（書かれている）ことを間違えずに知覚しているか？」が問われます。

この4つに対する意識が低い相手か高い相手かで、コミュニケーションの方法や対策法が変わってくるといえます。

本書では、このあたりについても詳しく解説していきます。

ビジネスにもプライベートにも役立つテクニック

話が噛み合わない代表的なパターンは、次の3種類に大別できます。

◎あさっての方向
◎早とちり
◎結論ありき

話を噛み合わせていくためには、この3パターンをまず頭に入れ、次に、話が噛み合わない「要注意人物」を特定します。

そして、シチュエーションによって、**「どのように準備をすべきか」「どのような話し方」**をして、**「どのような仕組みを使うべきか」**を考えていきます。

あまりに話が噛み合わない場合、

「誰を巻き込んでいくのか?」

「どれぐらい時間をかけて調整するか？」
「どうあきらめるか？」
について考えていきます。

ただ、私たちの日常では、**話を噛み合わせないほうがよい場合もあります。**
それは、主に雑談や楽しくお喋りするときです。このときには、わざと噛み合わせないように話すコツがあります。本書では、その噛み合わせないほうがいいケースと、その方法についても触れていきます。

本書でお伝えする「話を噛み合わせる技術」と「あえて話を噛み合わせない技術」をマスターすれば、**「ストレス解消」**はもちろん、**「目標が達成できる」「問題解決が早くできる」「正しい決断ができる」「遠回りを避けられる」「楽しい会話ができる」「相手との心の距離を縮めることができる」**といった多くのメリットを手に入れることができます。

話し方、伝え方、聞き方を超えた、超実践的なコミュニケーションテクニックは、仕事にもプライベートにも役立ちます。あなたの人間関係、そして人生を豊かにするためにも、この「話を噛み合わせる技術」をぜひマスターしてください。

なお、**本書は、前から順番に読む必要はありません。**どこからも読んでもわかるように書いてありますので、興味のあるトピックを拾い読みしてもかまいません。

話を噛み合わせる技術◎目次

第2章 話が「噛み合わない度」チェック

第3章 話を噛み合わせる技術【基本篇】

第4章 話を嚙み合わせる技術【応用篇】

第5章　話を噛み合わせるツールのつくり方

第6章　話が噛み合わないほうがいいとき

装幀・イラスト◎河南祐介（FANTAGRAPH）
本文・図版デザイン◎二神さやか
ＤＴＰ◎株式会社キャップス

第1章

「話が噛み合わない」とは、どういうことか？

「話が噛み合わない」人の特徴的フレーズ

私は現場に入り、企業の目標を絶対達成させるコンサルタントです。クライアント企業のメンバーたちと相互にコミュニケーションを取り、実際に人を動かし、結果を出していくことが仕事です。

その現場から導き出した「話が噛み合わないパターン」は、3種類に大別できます。

◎あさっての方向
◎早とちり
◎結論ありき

この3つには、それぞれ**特徴的なフレーズ**があります。

◎あさっての方向……「ところで」「そういえば」「ちなみに」
◎早とちり……「わかってるわかってる」「要するにアレでしょ?」
◎結論ありき……「~すればいいってもんじゃない」「決め手に欠ける」「見たことも聞いたこともない」

このようなフレーズが、相手の発言の途中で出てきたら要注意です。
それでは、それぞれ会話事例を紹介しながら解説していきます。

話がズレる現象「あさっての方向」パターン

まずは「あさっての方向」から。あなたは部下の立場になって読んでみてください。

部下 「課長、今度の打ち合わせ、いつにしますか。私は来週の水曜日なら空いているのですが」

上司「うーん、打ち合わせかァ」
部下「再来週なら、火曜日以外は空いています」
上司「そうだなァ……。ところで、再来週といえば、台湾への出張が入っていただろう」
部下「え？」
上司「ホラ、専務が前々から言っていたじゃないか」
部下「ああ、そういえば……」

話の論点は「打ち合わせの日程」であったはずなのに、「台湾への出張」へとズレていってしまいました。

いわゆる「話がズレていく」という現象です。打ち合わせよりも、「再来週」というキャッチワードに意識を向けた上司は、話を「あさっての方向」へとそらしてしまったのです。

強い先入観が引き起こす「早とちり」パターン

次は「早とちり」です。

部下「課長、先日の人事会議で、若いスタッフからたくさんの意見が出てきました……」
上司「要するにアレでしょ？ 給料をもっと上げてほしいって、結局はそういうことだろ？」
部下「ち、違いますよ」
上司「そうだよ。そうに決まってる」
部下「課長、私の話を最後まで聞いて……」
上司「聞かなくてもわかってるよ。金だよ、やっぱり金だ。しょうがないだろう、うちの社長があういう風だから」
部下「……」

「早とちり」とは、十分な情報をまだ入手する前から、**強い先入観によって誤解**してしまうことです。事前の知識がないまま会話していると、多くのケースでこの現象が起きます。

「イヤなものはイヤ」を押し通す「結論ありき」パターン

最後に「結論ありき」です。今度は、上司の立場になって読んでみてください。

上司「来期から組織改革プロジェクトのメンバーになってほしい」
部下「え？　私はムリですよ。来期から部下が2人増えるんですから」
上司「いや、その2人は、管理部の配属になったから大丈夫」
部下「来期は、大型のイベントが控えているじゃないですか。私はそのメイン担当なんです」
上司「実は企画部に掛け合って、メイン担当を別の人に代わってもらうことに

「話が噛み合わない」３つのパターン

①「あさっての方向」パターン

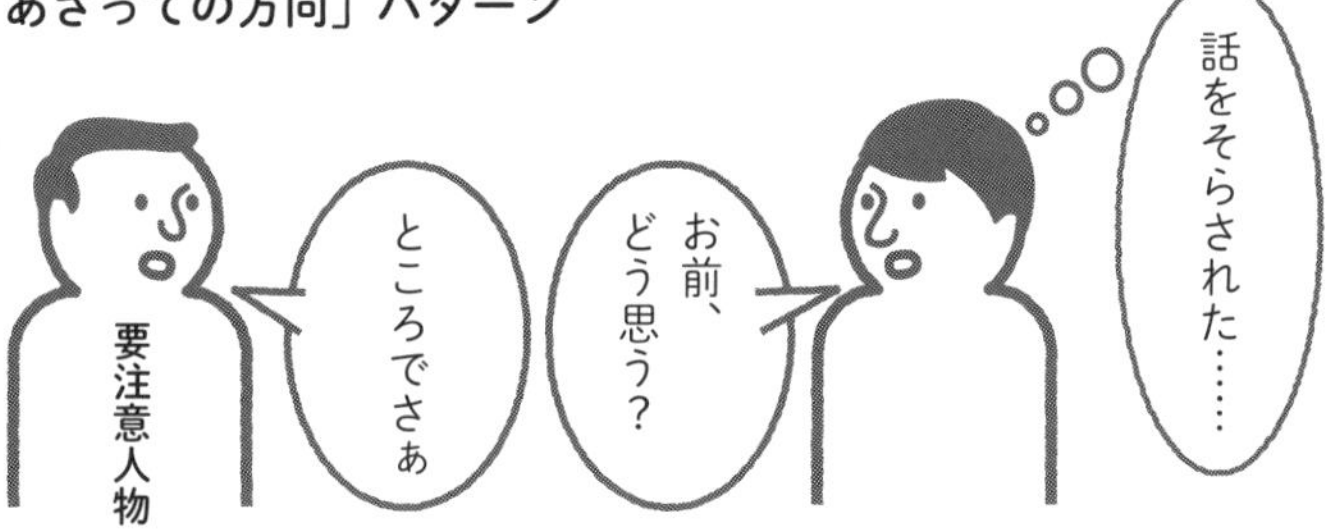

②「早とちり」パターン

③「結論ありき」パターン

した」

部下「そ、そうは言ってもですね……。実は、子どもがもうすぐ産まれるもんですから、あの、なかなか……」

上司「うーん……」

この部下は、まず「部下が2人増える」という観点からプロジェクトのメンバーを断っています。

しかし、それが打ち消されると、次に「大型のイベントが控えているので無理だ」という言い分を持ち出します。

しかし、それさえも打ち消されると、今度は「子どもが産まれるのでダメ」という主張を始めました。理屈がドンドン変わっているので、まさに「結論ありき」という状態です。

いわゆる**「ダメなものはダメ」「イヤなものはイヤ」**という理屈。

こういう理屈に合わない対応をされると、誰でも「理不尽さ」を感じるはずです。

3つのパターンで、噛み合わせるのが一番難しいのは？

ここまで、「あさっての方向」「早とちり」「結論ありき」の3種類を紹介しました。これらの「ゆがみ」の整え方は、この順番に難易度が上がっていきます。

「あさっての方向」に話がズレていってしまっているのであれば、話の論点からズレていることを双方が確認すれば元通りに戻ります。

しかし、「早とちり」の場合は、どうでしょうか。相手が強い先入観を持っていたり、事前の知識が足りない場合は、正しい情報を補って誤解を解くことが必要になります。しかし、これが意外と難しいのです。

「結論ありき」の場合は、もっと困難です。相手が「否定ありき」の態度を改めない限り「話にならない」状態が続きます。**会話の内容ではなく、相手との関係の構築から再スタート**すべきかもしれません。

話が噛み合わない人とは、「外国人」だと思って接する

ひとえに「話を噛み合わせる」と言っても、実のところ簡単ではありません。「プロローグ」でも触れたように、英会話を例にすると、わかりやすいでしょう。

英語の試験の成績は良くても、英会話はできないという人はたくさんいます。実際に、英語学習している人の90%以上の人は話すことができないというデータがあるほどです。

一方通行で話をすることと、双方向で会話することとは、まったく別の脳の使い方が必要だからです。

「思考パターン」を変えずに、他国の言語をモノにすることは難しいと言われています。

つまり、いつも話が噛み合わない人と、話を噛み合わせるようにするには、その人の**「思考パターン」をも変化させないといけない**わけです。

もし、その人の思考パターンを変えることが無理であれば、相手は別の言語を話す

人（外国人）と受け止めて会話をしたほうが無難です。話す側は、それぐらいの心構えが必要なのです（139ページ以降で詳しく解説しています）。

英語を勉強するうえで大切なのは、「語彙」「文法」「リスニング」「リーディング」の４つです。話を噛み合わせるためにも、これら４つのことが重要です。

相手が使っている単語の意味がわからないと、話が噛み合いません。文法が間違っていると話が通じないですし、勘違いされやすくなります。

そして何よりも「リスニング」「リーディング」の能力が必要です。

「相手が話していることを、正しく認知しているか？」「書いてあることを間違えずに知覚しているか？」が問われます。

なぜ社長には、「早とちり」が多いのか？

――話が噛み合わない原因①「リスニング・リーディング」意識が低い

私は経営コンサルタントですから、企業経営者――とりわけトップの社長とお話をさせていただくことが頻繁にあります。

いろいろなタイプの社長がいますが、多くの社長は「早とちり」で「早合点」で「話半分」にしか聞きません。他人の話をあまり注意深く聞くことなく、先入観で決めつけて怒り出したり、勝手に自分の話したいことにすり替えてしまったりします。

これは、「リスニング」や「リーディング」の意識が低いからです。能力が低いのではなく、意識が低いと言えます。

社長には、なぜこのようなタイプが多いのか？

私は、次のエッセンスを持ち合わせているからだと分析しています。

①頭の回転が速い
②想像力（空想力）が豊か
③問題意識が高い
④権力の所有

社長の多くが、これら4つのエッセンスを持ち合わせているため、どうしても**「リスニング」や「リーディング」の意識が低くなってしまいがち**なのです。

では、社長と部下の会話のやりとりの例を見てみましょう。

部下「社長、管理部長から内線がありました。すぐにお会いしたいと言っており――」
社長「来年度の予算策定についてだろ？」
部下「あ、いえ――」
社長「じゃあ、採用コストの総額についてだろう？」
部下「いや」
社長「なら、システムの維持経費についてだ。ようわからんのだ、私は情報通信とかを」
部下「あの、そうではなくて」
社長「だったら、何の話だ？」
部下「新年会で使う予定のホテルに、予約が入ってなかったそうで、管理部長が慌てています」
社長「なんだ、そんな話か」

この社長は「すぐお会いしたいと言った管理部長」というキャッチワードから連想し、次々と珍解答を披露します。まるで「早押しクイズ」の解答者のようです。**頭の回転が速く、問題意識も高い**ため、キャッチワードから想像できる材料がたくさんあります。

相手は社長ですから、部下のほうも「私の話を最後までキチンと聞いてください」とは、なかなか言えません。

社長のみならず、企業の管理者やPTAの役員、政治家、親……など、どちらかというと、相手に対して**「上から目線」**で会話しようとする人は、「早とちり」が多くなります。相手の話を「清聴」「精読」する意識が足りない人もまた多いからです。

「言ってること、ホントわかってる?」
——話が噛み合わない原因②「ボキャブラリー」不足

「ボキャブラリー」の不足が原因で、話が噛み合わなくなるケースも多くあります。

「話にならない」という現象は、**語彙の足りなさで引き起こされる**ことが多いので、注意が必要です。

極端な例ですが、次の会話事例を読んでみてください。

A課長「お客様からメールで送られてきたアジェンダを見返してくれ」

B「あ、はい。アジェンダ……ですね」

A課長「どうも最初のコンテクストが気に入らないんだよ」

B「コンテクスト……」

A課長「こんなマイルストーン、本当にオーソライズされたものなんだろうか。まるでバッファがない」

B「マイル、オーソライ……。バッハ、ですね……」

A課長「この取り組みにおけるスキームを見直したい。お客様ともう一度打ち合わせをしたいので、C部長にアサインを頼んでくれないかな」

B「あ、はい……。部長にアサインですね」

A課長は普段から「コンテクスト」「マイルストーン」「オーソライズ」「バッファ」「スキーム」「アサイン」という語彙を頻繁に使っています。だから違和感はないのでしょうが、Bさんはそれぞれの語彙を知らないので、話がほとんど通じていません。

Bさんが A課長に、

「申し訳ありません。そもそもアジェンダって、何のことでしょうか？」

「マイルストーンというのは、作業工程と理解しましたが、それでいいですね？」

と**質問&確認**をすれば話が噛み合っていきます。

しかし、そのまま話が終わってしまうと、Bさんはどうすればよいかわからず、途方に暮れてしまいます。

「真意はわからないが、とにかくC部長に、もう一度打ち合わせをしたいと言おう」

と決意し、**理解しないまま連絡を取ると、話がこじれていきます。**

――**C部長**「A課長が私と打ち合わせをしたい？　お客様とではなくて、私と打ち合わせをしたいと言っているのか？」

B 「いや、それは、その……。お客様から送られたマイルストーンがオーソライズされてないので、バッハにアサインしたいと言うことで……」

C部長 「何を言ってるのか、さっぱりわからん！　君じゃあ話にならないから、A課長を呼べ」

相手が知っている言葉なのかどうか？　言葉を使う側も気を付けなければなりませんが、意外と、相手のことを気にせずに使ってしまう人は多いのです。組織やチームで普通に使っている言葉の意味は、きちんと押さえておいたほうがいいでしょう。

基本的なことですが、意外と疎かにする人は多いので気を付けたいですね。

上司やお客様と話をしていて、**独特の専門用語やIT用語が出てきたら、その場で質問できなくても必ずメモなどしてあとで調べましょう。**

「こういう意味に違いない」と勝手に解釈すると危険です。

「そういうことじゃないんだけど」

——話が噛み合わない原因③「前提知識」が足りない

「語彙」は知っていても、**言葉の正確な「意味」を知らなかったり、「前提知識」が足りない**ことで、話が噛み合わないことは非常に多くあります。

ついつい、

「そういうことじゃないんだよね」

「そういう簡単なものじゃないんだけどね」

と言いたくなるケースのことです。

A「ねえねえ、Bさんて株をやってるんでしょう？　アベノミクスの影響でボロ儲けできたんじゃないの？」

B「いや、そういう簡単なものじゃないから……」

Ａさんは株の運用について、ほとんど知識がありません。しかし、Ｂさんは知識も経験も豊富ですので、「アベノミクスの影響でボロ儲けできたはず」とＡさんに言われると、「知らないからそんなことが言えるんだ」という感想を持ってしまいます。正しいか正しくないかは別にして、もしも同じ知識レベルの人と話をすれば、話は噛み合ってしまうものです。

Ａ 「ねえねえ、Ｂさんって株をやってるらしいよ。アベノミクスの影響でボロ儲けできたんじゃないかな」

Ｃ 「へえ。Ｂさんって株の運用をしてるんだ。だったら今ごろは大金を手に入れてるのかもね」

このように話が噛み合います。

問題は「前提知識」に相違があるかどうかなのです。

Ｄ 「そういえば、あなたの旦那さんってシステムエンジニアでしょう？　スマ

ホを買ったんだけど、使い方がわからないから教えてもらえないかしら」

E「え、どうして、うちの旦那に？」

D「だってコンピュータのエンジニアじゃない。だったらスマホの使い方なんて簡単に決まってるでしょう」

E「……」

私も以前、日立製作所でシステムエンジニアをしていましたから、よく言われました。

「新しいプリンター買ったんだけど、うまく印刷できない。どうすればいい？」「パソコンって、どこのメーカーが一番いいのかな？」などなど。

友人や家族から、こういった質問をぶつけられるたびに、「システムエンジニアだからといって、パソコンやプリンターについて必ずしも詳しいとは限らない」と説明するのに、毎回骨が折れました。

私がやっていた仕事は、情報システムを活用することで、お客様の業務フローをどう効率化できるかを設計することでした。

したがって、仕事といったら打ち合わせや会議ばかり。パソコンを修理したり、プリンターの設定をしたりといった実務をしたことはほとんどありません。

話が通じない相手とはもどかしい気持ち――まさに「隔靴掻痒」の感を抱くことでしょう。

自分や自分がいる世界では「当たり前・常識」のことなので、「うまく説明できないけれど、そういうことじゃないんだ」と、言いたくなるのです。

「心掛け」「精神論」のワナ
――話が噛み合わない原因④「知識」「経験則」のズレ

経営コンサルタントである私が、この項目で最もお伝えしたいのは、**「精神論」「心掛け」に関する「前提知識」**です。

ビジネスの現場で多くの人が「精神論」「心掛け」を使用します。使用してもいいのですが、これらの言葉に関する**知識**（経験則）**がズレていると、話が噛み合いません。**

そして、物事が前に進まなくなる主因となりやすいので注意が必要です。
よくある上司と部下とのやりとりを見てみましょう。

上司「もっと業務の効率化を徹底してくれよ」
部下「私は徹底してやってるつもりです」
上司「私には、徹底してやっているようには見えないんだがね」
部下「何を言ってるんですか。私が徹底している、と言ってるんですから、徹底しているんです」
上司「どこが徹底しているんだ。自分で徹底していると胸を張って言える事柄があるなら、具体的に言ってみたまえ」

いわゆる「水掛け論」です。
こんな応酬をしていても、埒《らち》があきません。「徹底する」という言葉の定義が定まっていないため、話が平行線をたどるのです。

先輩「もっと頑張って練習をやろう」
後輩「先輩、私なりに頑張ってるつもりです」
先輩「もっと練習に打ち込んでいこう、という意味だ」
後輩「練習に打ち込んでいるつもりですって」
先輩「本番と同じつもりでプレーしてくれと言ってるんだよ」
後輩「本番と同じつもりでプレーしてますって、先輩!」
先輩「あああ、どう言ったらいいんだっ!」

「頑張る」「努力する」「気合いを入れる」「謙虚になる」「誠実になる」「徹底する」「積極的にやる」といった「精神論」や「心掛け」だと、**人によって解釈の幅が広すぎる**のです。

ですから、私たちコンサルタントは、行動を分解して数値表現し、指標を決めて計画へ落とし込もうとします。誰がどう見ても同じ解釈になる**「数字」で物事を評価する**ことが、結果を安定的に再現させるうえで重要だからです。

私も個人的には「精神論」や「心掛け」は大好きです。苦しい時期が訪れると、口癖のように「気合いで乗り切ろう」と心で唱えています。

このように、自分との対話では使えるかもしれませんが、他者とのコミュニケーションだと、話が噛み合わなかったり、前に進まなかったりします。

「何を目的にこの会話をしているのか」が不一致
——話が噛み合わない原因⑤「スタンス」の違い

双方の「スタンス」が異なると、話が噛み合わなくなります。

次に紹介する例は、そもそも「助言をしたい」のか、「意見を聞きたい」のか、「一緒に問題を解決したい」のか、「情報共有だけしたい」のか、「単なる雑談をしたい」のかといった**「スタンス」のズレが原因で話が噛み合わなくなっています。**

A 「先日の朝礼で、社長がすごく怒っていたけれど、何か問題でもあったのだろうか?」

B 「ホント、あんなに怒ってる社長を見たのは初めてだよ」

Ａ「確かに売上は落ちているけれど、利益は過去最高を記録しているし……」
Ｂ「あのとき、右手を腰に当てて怒ってたな。こんな感じで」
Ａ「名古屋支店の落ち込みがヒドイからだろうか。なァ、どう思う？」
Ｂ「社長は、飲み会でも怒ってるとき、右手を腰に当てるんだよ。知ってた？」
Ａ「だからさァ、聞いてるじゃんか」
Ｂ「……は？」
Ａ「社長が怒ってる理由は何だろうって」
Ｂ「え……そうなの？」
Ａ「そうだよ」
Ｂ「だったら、初めから、そう言えよ」
Ａ「初めから、そう聞いてるじゃないか」

Ａさんは「意見を聞きたい」というスタンスですが、Ｂさんは「とりとめのないお喋りをしたい」というスタンスですから、話が噛み合わないのです。
次の夫と妻の会話を読んでみてください。

妻「お隣のお婆ちゃん、またゴミを出す時間、間違えてるの。何度も言ってるんだけど、なかなか理解してもらえないわ」

夫「俺は無理だよ」

妻「……は？」

夫「最近、ホント仕事が立て込んでるんだ。毎晩ヘトヘトで帰ってきてるんだ。わかってるだろう」

妻「な、何の話？」

夫「何でもかんでも俺に頼るんじゃなくて、自分で考えてくれよ」

妻「ちょっと……、さっきから何を言ってんの？」

夫「俺に今からそのお婆さんのところへ行って、説得してくれと言ってるんだろう？」

妻「はァ？」

夫「違うのか」

妻「誰もそんなこと言ってないでしょ」

夫「……え」
妻「お隣さんがゴミ出す時間を間違えてる、何度言っても聞いてくれない、ただ、そう言っただけよ」
夫「なんだ……そうなのか」

いわゆる「早とちり」のパターンです。
妻は単なる「世間話」のつもりで話をしているのに、夫は「問題解決」を促されていると勘違いしていいます。妻と同じく「世間話」のスタンスで話を聞いていれば、「へえ、そうなんだ。ゴミを出す時間ぐらい覚えてくれたらいいんだけどな」と、話を合わすことができます。

スタンスを合わせる、魔法のフレーズ

「スタンス」は、**「〜のつもり」**で考えればわかりやすくなります。
「たわいない雑談をするつもりでいる」「意見を求めるつもりでいる」「有益な情報を

提供するつもりでいる」「商談を前に進めるために交渉するつもりでいる」「今日こそは意思決定してもらうつもりでいる」という感じです。

要注意人物に対しては、**話し始める前に、どういうつもりで話をするのか軽く触れておく**といいですね。

「単なる世間話なんだけどさ……」

「ちょっと意見を聞きたいんだけど、いいかな」

「ひとつ、アドバイスさせてもらってもいい？」

ちょっとしたひと言で、お互いの「スタンス」が合う可能性は高まります。

もちろん、それでも合わない人はたくさんいますが、**ビジネスの現場であれば、話のあとのステップまで事前に提示する**とよいでしょう。お互いの「スタンス」をさらに明確にさせることができます。

「これから話すことは、来週の経営会議に議題として取り上げられることなので、真剣に聞いて意見を出してもらいたい。いいね」

といった具合です。

話が噛み合わない〝痛み〟、話が噛み合う〝効用〟

ここまで、「話が噛み合わない」メカニズムについて解説してきましたが、話が噛み合わないと、どんな〝痛み〟が生じるのか、そして、話が噛み合うと、どんな〝効用〟があるのか、もう少し掘り下げてみましょう。

昨今、多くの企業が関心を持っているキーワードが時短（労働時間短縮の促進）です。残業や時間外労働をどう減らすかに頭を悩ませている人は多いでしょう。この悩みを「話を噛み合わせる」ことによって、大幅に解決できることがあります。

「話が噛み合う」とは、比喩的に言えば**「歯車が噛み合う」**ことです。

どちらも**動力を伝えて前に進めることが目的**です。業務を「作業」と「コミュニケーション」に分解したとき、営業や会議などが多いマネジメント部門など、比較的「コミュニケーション」の量が多い職務の人は、**「作業効率」よりも「コミュニケーション効率」をアップさせるほうが、劇的に業務が効率化**します。

特に残業問題が取り沙汰される「ホワイトカラー」「中間管理職」の人たちが対象

です。

以下の（A）（B）のうち、

（A）話が噛み合い、動力が伝わっている

（B）話が噛み合わず、動力が伝わっていない

（A）の比率が増え、（B）が減っていけば「コミュニケーション効率」がアップしていることになります。

日ごろの会議、打ち合わせで話が噛み合っているか？

いつもつくっている社内の資料は、話を噛み合わせるために使われているか？

詳しくは、次章以降でお伝えしていきますが、この2つがポイントです。

それぞれはしっかりやっているのに、「空回り」する危険

歯車が噛み合っていない状態を**「空回り」**と言います。

つまり、組織内コミュニケーションが空回りするケースを減らすことで「コミュニケーション効率」はアップします。

たとえば、会社の中で、専務、常務、部長、課長3人、担当者4人、アシスタント3人が、あるテーマについて話し合いを繰り返しているとします。

専務の意見と部長の意見が合わない。課長3人がそれぞれ担当者と会議を繰り返し、アシスタントに資料をつくらせたりして、ああでもない、こうでもないと議論を繰り返しているとします。

それぞれ皆さんまじめに打ち合わせをしたり、メールを送ったり、資料をつくったりしています。それぞれの歯車は回っています。

ところが、**歯車が多すぎるために、噛み合う歯車と、噛み合わない歯車がある**のです。

こうなると、組織全体では「空回り」の状態が続いていきます。

社長が「あの件はどうなったんだ？」と経営幹部や担当者に聞いても、話が前に進んでいません。**それぞれの歯車は噛み合っていても、どこかで噛み合っていない部分があるので、3カ月経っても、4カ月経っても、「空回り」の状態**です。

私のような外部のコンサルタントは、それを客観的に眺めますので、「本件は、常務と課長2人で話し合って決められる話ではないですか」と指摘するだけで、一気に動力が伝わり、話が前に進むことがあります。

社長からすれば、「どうして最初からそうしないんだ！」と叱りつけたくなるのですが、これがけっこう難しいのです。

たとえ現場の担当者が、

「こんなこと、上司が話し合えば簡単に決まることじゃないか」

とわかっていても、なかなか進言しづらいものです。

「あの議論は、いったい何だったんだ？」は、公私で起こる

これは、企業だけに起こることではありません。

学校のある生徒の問題に対して、いろいろな保護者がそれぞれに話し合いを繰り返し、学校側や、地域社会の重鎮、教育委員会の人間まで出てきて、「ああでもない」「こうでもない」と議論することがあります。

話が前に進まない原因は、歯車の「空回り」

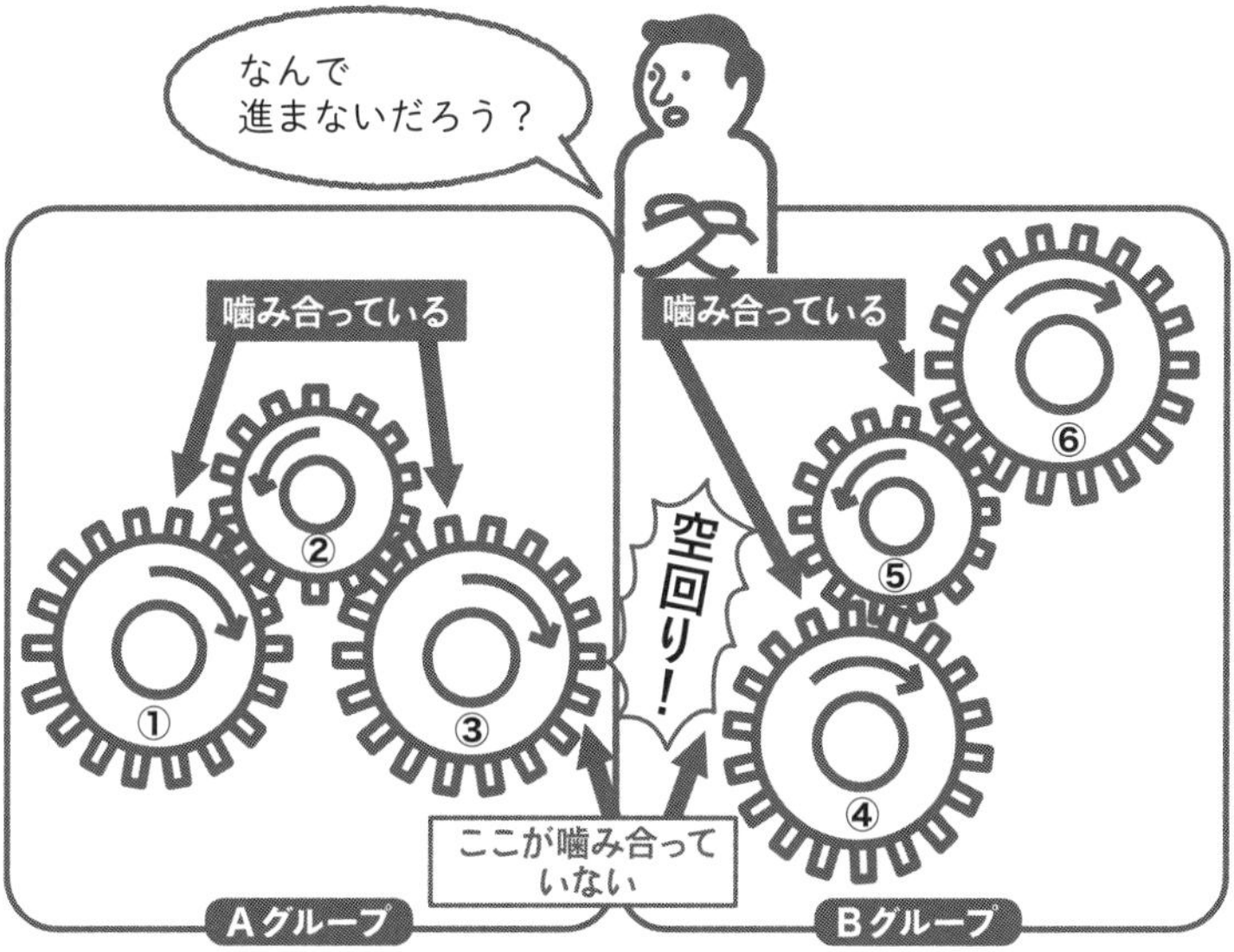

それぞれのグループ内は噛み合っているのに、
全体では噛み合っていないケースがある！

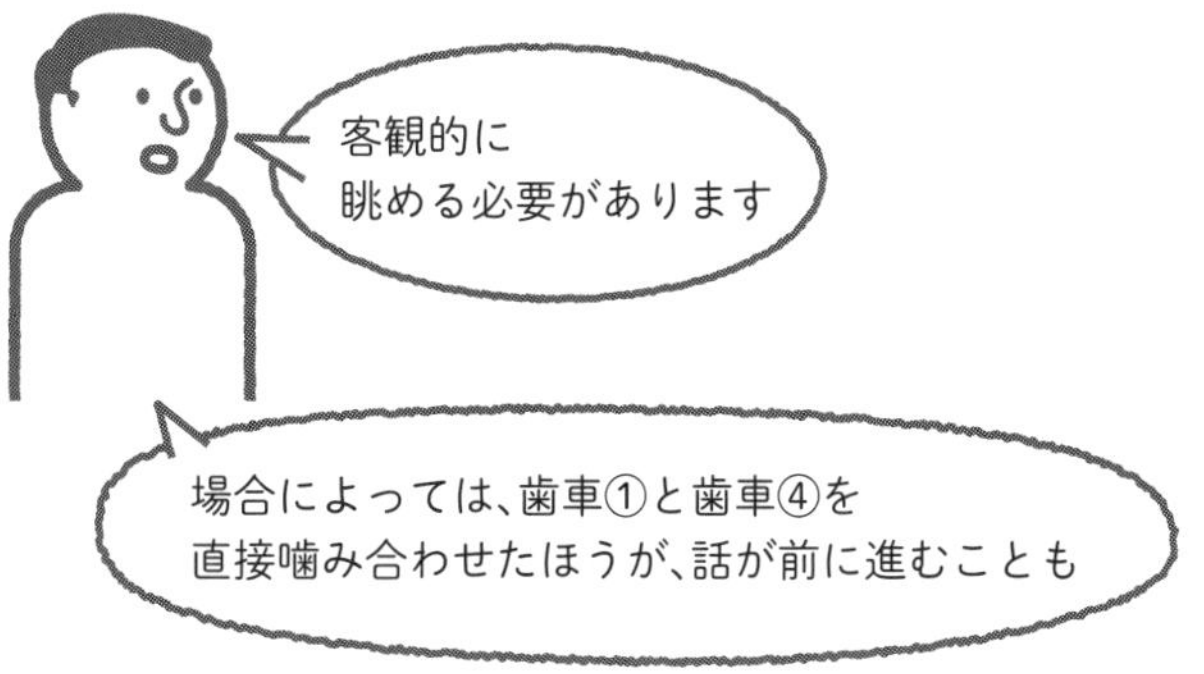

結局は、その生徒の担任と保護者、そして校長先生が1つのテーブルについて話し合いをすることで、すぐに解決する場合もあります。

「あの議論はいったい、何だったんだ?」

と思えるような事象は、私たちのまわりでたくさん起こっています。

一番大きな問題は、たとえ組織全体では「空回り」していても、それぞれの歯車は噛み合っているように見えるため、**どこに問題があり、誰に責任があるかが、見えづらい**ことです。

私は企業のコンサルティングをするとき、客観的に全体をとらえるため、どこで話が噛み合っていないのかを特定することができます。

これは、外部の人間だからこそできることです。

しかし正直なところ、私の組織で、それを見つけることはとても困難です。私自身がその組織の1つの歯車ですから、全体を俯瞰することが難しいからです。

「コミュニケーションを密にする」に存在する2つの「密」

職場のさまざまな問題解決のために、コミュニケーションを活性化させることは重要な施策です。現代の多くの企業が、積極的に組織内コミュニケーションを活発にしようとしています。

たとえば、営業部と生産管理部との連携がうまくいかないため、お客様が希望する納入期日に間に合わないという事態が頻繁に発生しているとします。

こんなときに、経営陣は会議の席で次のように言います。

「営業部と生産管理部は、もっとコミュニケーションを『密』にするように。いいな」

こう言われたら当然、それぞれの部の責任者は、「かしこまりました。もっとコミュニケーションを『密』にします」と答えます。

しかし、そうは言っても、コミュニケーションを「密」にするという意味がわからなければ、単なる掛け声倒れに終わります。

そもそも多くの組織でよく使われるこの言葉、コミュニケーションを「密」すると は、どういうことなのでしょうか。

ここには、2つの意味合いがあることを忘れてはいけません。

密接にコミュニケーションを取って、

◎お互いの関係を親密にする

◎噛み合っていない歯車を噛み合わせる

この2つです。

この2つの意味合いがあることを理解しているかいないかで、組織や集団の問題解決のためのコミュニケーションは大きく変わります。

歯車をうまく回す潤滑油「表面コミュニケーション」

前者の「お互いの関係を親密にする」は、歯車がうまく回るようにするための「潤滑油」のようなものだと考えてください。

「営業部はワガママだから、言うことを聞く気になれない」

「生産管理部はお客様のことがわかっていない。話し合ってもムダだ」

双方が、このような言い分を持っていると、いざ話し合いの場をつくっても問題は解決しません。**感情的なしこりがある場合、何を言っても「話が噛み合わない」「話にならない」という状態が続きます。**

そのため、定期的に「飲み会」を開いたり、社内のイベントを通じてお互いの関係を良好に保とうとする試みは重要です。

これを**「表面コミュニケーション」**と名付けています。

「表面コミュニケーション」は、いざというときに話を噛み合わせられればいいので、話が噛み合っていなくてもかまいません。**たわいない話、雑談でいい**のです。

「専務がコミュニケーションを『密』にするように、とおっしゃられていた」

「とりあえず飲み会でもしますか」

というノリで十分です。

先の例でいえば、営業部と生産管理部で参加できるメンバーを募り、定期的に飲み会を開きます。

「たまには、こうやって飲み会をするのもいいですなァ」

「昔は営業部ともしょっちゅう飲みに行ったもんですが、部署が大きくなってから難しくなりました」

「まァ、いろいろとありますが、ここはひとつ、お互い連携してやっていきましょうや」

「そうですなァ」

「潤滑油」は定期的に差すものです。したがって「表面コミュニケーション」も、定期的に実施すべきです。歯車が回りにくくなってからだと遅いのです。

女性の間で広がる「女子会」も同じです。関係を良くするためにお喋りをする機会を定期的に持つことはとても大切です。

話を前に進めるときの「論理コミュニケーション」

一方、後者の「噛み合っていない歯車を噛み合わせる」ことを「**論理コミュニケー**

ション」と名付けています。話し合いを通じて、歯車を噛み合わせる具体的な方法です。

何らかの問題を解決するためのコミュニケーションは、論理的な側面を持っていなければなりません。**「論拠」と「結論」がつながる会話が求められます。**

先の例でいえば、営業部が仕様を生産管理部へ伝えるタイミング。仕様変更があったときに相談するタイミング。緊急割り込みが入ったときに生産管理部が営業部へ相談を持ちかけるタイミング……など、誰がどのタイミングでどのように対応するのか、そのルールと、そのルール通りに運営されているかマネジメントする仕組みが必要です。

「表面コミュニケーション」と「論理コミュニケーション」の理想的な比率

「表面コミュニケーション」と「論理コミュニケーション」の2つのうちどちらかに偏っていても、組織や集団のコミュニケーションはうまくいきません。

それらのオペレーションを詳細に決めず、飲みニケーションだけやっていても、問題は正しく解決していきません。

話を噛み合わせる「論理コミュニケーション」は、当然のことながら「随時」行なうものです。ただ、いつも話を噛み合わせる会話ばかりしていたら、疲れてきます。

方針演説しかしない社長、業務指示しか出さない上司との関係は、ギクシャクしていくものです。

「表面コミュニケーション」は定期的、「論理コミュニケーション」は随時と覚えておきましょう。

そして、理想的な比率は**「8対2」**、もしくは**「9対1」**ぐらいです。

これは、職場であろうと、家庭であろうと同じです。お喋りや世間話をすることが不得手な人も、意識的に行なっていきましょう。

どの上司に部下はついてくる？

①論理コミュニケーションばかりの上司

②表面コミュニケーションばかりの上司

③表面コミュニケーション 80%、論理コミュニケーション 20%の上司

定期的に潤滑油（雑談、飲み会など）を差して、随時、話を噛み合わせる関係が理想的！

第2章

話が「噛み合わない度」チェック

相談してはいけない「要注意人物」3つの特徴

「誰かに悩みを打ち明けたい」「誰かに何かを相談したい」と思ったとき、相手が話の噛み合う人かどうかは意識すべきです。

話が噛み合う人だとわかっていれば、素直に相談すればよいでしょう。しかし、話が噛み合わない要注意人物だとわかっているのであれば、**事前準備をしたり、話し方を工夫すべき**です（もしくは、最初から相談を持ちかけないことです）。

先に、話が噛み合わない人は「外国人」と思って接したほうがいいと述べました。

それでは、話が噛み合わない要注意人物とは、どういう人なのでしょうか。特徴を3つ列挙します。

①置かれた立場や環境などが著しく異なる人
②リアルでの接点が少ない人
③自分のほうが立場・地位が上だと考えている人

それでは、1つひとつ見ていきましょう。

①置かれた立場や環境などが著しく異なる人——「話が噛み合わない」要注意人物①

話を噛み合わせるためには、話のコアとなる「知識」をお互いが共有していることが前提条件です。

たとえば、学校を卒業してすぐに結婚し、一度も社会で働いたことがない専業主婦と、長時間労働が当たり前のバリバリ働く熱血ビジネスウーマンとは、同じ女性でも、お互い置かれた環境が異なるため、話が噛み合わなくても当然のことといえるでしょう。

性別が異なり、年齢も離れていると、「噛み合わない度」はさらに大きくなっていきます。

②リアルでの接点が少ない人——「話が噛み合わない」要注意人物②

「リアルでの接点が少ない人」というのは、インターネット上での付き合いがメインの人のことです。ツイッターやフェイスブックといったＳＮＳを通じて親しくなり、自分が抱えていることについて相談したいという気持ちになることは数多くあるでしょう。

しかし、前述したとおり、お互いの立場や環境を正しく共有できていないケースが多く、会話をしていても噛み合わないことも多々あります。

原因は、メールやメッセージ交換のみのやりとりだと、どうしても**「言葉の省略」**と**「タイムラグ」**が発生するからです。

リアルな会話なら、ちょっとした言葉のニュアンスを補うことができたり、自分の言い間違いや相手の誤解を即座に訂正することができます。

しかし、ネット上だと、「微調整」ができないため、誤解が誤解を生み、話がこじれることが多いのです。

リアルタイムに調整しづらい媒体でデリケートな相談をするのは避けたほうがいいでしょう。

どうしてもネットだけのお付き合いの人に相談したい場合は、電話やスカイプを使うなど、双方向の通話ができるシステムを活用するのがよいと思います。

③自分のほうが立場・地位が上だと考えている人――「話が噛み合わない」要注意人物③

自分のほうが立場が上だと考えている人、いつも上から目線で話を聞こうとする人は要注意です。

「話半分」に聞き、「早とちり」したあげく、自分の考えを押し付けようとしてくることが多いからです。

「遠慮することはない。何でも私に相談しなさい」と命令口調で言う人には、なおさら相談しないほうが無難でしょう。相談してアドバイスをもらったらもらったで、その人のアドバイスに従わないと、ややこしいことになるといった悪影響も出るからです。

「言葉の『表面』だけとらえて反応する」人の見分け方

先に挙げた3つの特徴は、主にその人の環境や立場、属性別でしたが、コミュニケーションの癖やパターン、いわゆる「話し方」別でもいくつかの特徴があります。

そのパターンと見分け方についても、解説していきます。

まず1つ目は、言葉の「表面、上っ面」しか受け止めず、何も考えずに反応するような人です。

部下「業績が落ち込んでいるので、何か手を打たないといけません」
上司「そうだな。どんな手を打とうか？」
部下「売れる商品を開発すべきだと思います」
上司「よし、売れる商品を開発しよう」
部下「しかし、そのためには開発費用を捻出しないといけません」
上司「わかった。開発費用を捻出しよう」
部下「でも、開発費を工面するためには、キャッシュフローを健全化させることが必要だと社長が言っていました」
上司「そうだな。キャッシュフローを健全化させることが先決だ」
部下「そのためには収益を上げることが重要です」

上司「そうだ。収益をアップさせよう。そうしよう。それが一番いい」

このように**「言葉」だけをとらえて、何も考えずに反応する人**は、どこの世界にもいます。

上の空で話を聞いているように見えますから、無責任で、誠実さが感じられない印象を受けます。

私は現場に入り、コンサルティングしている身ですから、このような中間管理職の方と話をしていると、とにかく話が噛み合いません。

私「あなたの部下は、まるで行動が変わっていませんよ」
部長「そうなんです。まるで行動が変わらないんです」
私「行動が変わるように伝えてください」
部長「行動が変わるように伝えます」
私「どのように伝えるんですか？」
部長「そうですね。どうしたらいいんでしょうか？」

私　「直接会って、強い調子で言ったほうがいいですよ」
部長　「わかりました。直接会って、強い調子で言います」
私　「しかし、あなたの部下はみんな海外にいますよね？」
部長　「そうです。海外にいます」
私　「半年に1回ぐらいしか会いませんよね？　どうやって直接会いますか？」
部長　「そういえばそうですね。どうやって直接会えばいいんでしょうか？」

深く考えず言葉の表面しかとらえない人を見分けるには、**5W1Hなどの「オープンクエスチョン」を使って質問してみる**ことです。

「クローズドクエスチョン」で問い掛けると、イエス・ノーで答えてくれますが、「オープンクエスチョン」で尋ねると、とたんに「どうしたらいいんでしょう？」と質問に対して質問で返してきます。深く考える習慣がないからです。

「必要以上に掘り下げて反応する」人の見分け方

話の表面だけをとらえて反応する人がいます。その一方で、正反対の人もいます。必要以上に難しく考え、やたらと掘り下げたがる人について考察していきます。
悩みを相談しているのならともかく、**軽い雑談のつもりで話したにもかかわらず、必要以上に詮索・深掘りをしようとする**のです。

A「この前、若いスタッフがすごく機嫌が悪そうだったけど、2日〜3日もすれば、元通りの元気な笑顔を見せてくれた」
B「機嫌が悪そうだったの？　数日前に？」
A「そう。理由はわからないけどね」
B「ちゃんとその原因は特定したの？」
A「原因？」
B「そういう、いい加減な態度はマズいんじゃないの？」
A「え？」
B「機嫌が悪かった原因をしっかりと掴んでおかないと、大変な問題になってからでは遅いよ」

A「大げさねェ。普段からコミュニケーション取ってるけど、あの子、たまにそういうことがあるのよ」

B「もし労務上の問題があって、訴訟に発展したら、会社は勝ち目ないって」

A「冗談でしょ。訴訟問題って」

B「今の子は、何を考えてるかわからないんだから」

Bさんの不必要な詮索に、Aさんは辟易《へきえき》しています。たわいない雑談なのに、**必要以上に掘り下げて反応する人は、相手との関係を悪くする**ことがあります。

「あの人と話をしていても、楽しくない」というレッテルを貼られてしまいます。

このような人は、不必要なタイミングで「いつ?」「誰が?」「何を?」「どこで?」「どのように?」「どうして?」……などと「オープンクエスチョン」を繰り出してきます。やたらと難しく考え、詮索しようとする人はめんどくさい人と思われます。

軽い雑談に対しては、軽妙なレスポンスができるよう意識していきたいですね。

Aさんは、Bさんに対しておそらく次のような軽いタッチの反応を期待したのだと思います。

A「この前、若いスタッフがすごく機嫌が悪そうだったけど、2日〜3日もすれば、元通りの元気な笑顔を見せてくれた」
B「へえ、だったら良かったじゃない」
A「そう。理由はわからないけどね」
B「私もさァ、ついこの間、彼氏の電話で機嫌が悪くなっちゃって」
A「どうしたの？　あんなに仲が良かったのに」
B「聞いてくれる？」
A「聞くよ、話して」

途中で話が「あさっての方向」へそれてしまいました。

つまり、BさんはAさんの話のテーマを軽く受け流し、「機嫌が悪い」というボキャブラリーから連想して自分の話をスタートさせたのです。

しかし、単なる雑談なのですから、これはこれでいいのです。

「物語（ストーリー）調で話す」人の見分け方

先にもお伝えしたように、コミュニケーションは大きく分けて2種類あります。雑談などの、「表面コミュニケーション」と、何らかの問題を解決するための「論理コミュニケーション」の2つです。

表面コミュニケーションであれば、相手の気を引くためにストーリー形式（物語調）の話し方をすると盛り上がることがあります。**時系列で、「起承転結」**を意識しながら話すというスタイルです。

Ａ「今度、わが社に転職してきたXさん、大学時代の先輩なんだよ」

Ｂ「へェ」

Ａ「サッカー部で、センターバックのポジションを争ってたんだよな。Xさんは足が速かったけど、体は俺のほうが強かった。俺が2年生になったとき、監督が代わったせいもあって、Xさんからレギュラーの座を奪った」

B「ふーん」

A「それから1年以上、Xさんがレギュラーに返り咲いたことはなく、4年生になる前に退部しちゃったし、大学も中退したんだよ」

B「えっ！　大学まで？」

A「そうそう。なんか演劇をやりたいと言って、劇団に入ったんだよな。それから数年後、風の便りでは、劇団もすぐに辞めて、会社員になって、結婚して子どもが2人いるって聞いてたけど」

B「そうなんだー」

A「まさか、そのXさんが、うちの会社に入ってくるとはな……」

B「お前、けっこうやりにくいんじゃないの？」

A「そりゃあそうだよ。大学時代、ポジションを争った間柄だし、それに先輩だし。この前、10年ぶりに顔を合わせたよ」

B「でも、この会社だと、お前が先輩だろ？」

A「そう。でも会社ではポジション争いなんてないから、せっかくの縁だし、Xさんに協力できることは積極的にやるよ」

AさんとBさんとの会話は、典型的な雑談、表面コミュニケーションです。何らかの問題を解決するためにコミュニケーションを取っているわけではありません。

ですからAさんの話の論点――いわゆるオチ、「Xさんに協力できることは積極的にやる」が、話の最後に登場しても大きな問題はありません。

一方、**論理コミュニケーションの場合には、ストーリー形式で話をするのは避けるべき**です。相手に話の論点が正しく伝わりにくいからです。

上司「X社の担当部長と初めて会ったのは、確か3年前の幕張メッセでの博覧会のときだよ。君はそのイベントには参加してたかな?」
部下「いいえ。まだ別の部署にいたものですから」
上司「そうか、そうだよな。あの博覧会は本当に大きなイベントだった。社長が新規事業を大きくしたいと言って巨額の投資を決めた年のことだ」
部下「へェ」
上司「私はその当時の部署メンバー6人と一緒に5カ月以上の準備をして臨ん

だわけだが、そのイベントを企画した広告代理店のミスで、集客が予想をはるかに下回ってしまった」

部下「そうですか」

上司「そのせいで博覧会そのものが盛り上がらなくってね、各企業のブースも閑散としていた。私も6人のメンバーと朝からずーっと電話をかけてお客様を呼んでみたものの、ほとんど良い反応はなかった」

部下「すごい苦労があったんですね」

上司「そうなんだ。そんな盛り上がらない博覧会に来てくれたのがX社の担当部長だったんだ。だから、とても印象に残ってる」

部下「へえ……」

上司「そんな部長から連絡があり、今回の商談をなんとか滞りなく進めたいと言われている。ところが、担当である君の対応スピードが遅いという話じゃないか。さっきも言ったとおり、盛り上がらない博覧会にやってきた、唯一の見込み客がX社なんだ。私としてはとても大事にしたいと思ってるんだよ」

部下「その博覧会の企画をしていた広告代理店というのは、どこなんですか？」
上司「え？」
部下「もしかしてZ社ですか？」
上司「えっと……。どこの広告代理店だったかな」
部下「大手でしょうか？」
上司「うーん……。確か、大手だったような気がするが……」
部下「ならZ社のような気がします。いや、実は私に心当たりがあるんです。以前勤めていた会社でも、似たようなイベントに遭遇したことがあるものですから」
上司「そ、そうなのか。まァ、それはいいとして……。私が君に言いたかったことを、君は理解しているのかな」
部下「え？　何の話でしょうか？」

「X社の商談への対応スピードを速めてほしい」　これが上司の話のコア部分——「論点」です。まずこれを初めに伝えなければならないのに、X社の商談にかける自分の思いを「ストーリー形式」で話そうとしたため、部下にうまく伝わっていません。別の関心度の高いテーマ、つまり「あさっての方向」へと話をすり替えられてしまいました。

論理コミュニケーションをする場合、話を盛り上げようとするサービス精神は必要ありません。

自分の今の心情を理解してほしいから時系列で喋りたいという気持ちはわかりますが、そこをグッとこらえて、まずは「オチ」から話すのです。つまり、**「結果から伝える」**ということです。

特に日本語では、英語などと異なり、修飾句・修飾節は「語」の前に置かれます。文章1つとっても、結論は最後のほうに置かれる日本語特有の構造がありますので、**「伝えるべき論点は短めのセンテンスにし、しかも、話の初めに置く」**のが大原則なのです。

こういう点からしても、話の噛み合わない相手と話すときは、相手を「外国人」だと思い、文法にも気を付けなければならないのです。115ページに**具体的な手法（ホールパート法）**を紹介していますので、参照してください。

「傾聴」と「軽聴」

人の話を最後まで聞かず、断定口調で人を否定する人がいます。原因は、強い先入観があるからでしょう。

一方で、話に正しく注意を払わず、軽く聞き流す姿勢にも大きな原因があります。熱心に耳を傾けて聴く「傾聴《けいちょう》」とは正反対の、「軽聴《けいちょう》」をしている姿勢のことです。

次の会話を読んでみてください。

A 「気合いと根性だけではダメだけど、最低限の気合いと根性は必要だよ」

B 「そうかなァ。気合いと根性という発想そのものが古いと思うよ。そりゃあ、何をやるにしても気合いや根性は必要だろうけれど、すべてのことが気合いと根性で解決するだなんて、まったく思わない」

Aさんの主張とBさんの主張は同じ。「気合いと根性だけではうまくいかない。け

れども最低限は必要だ」です。

にもかかわらず、BさんはAさんの主張を否定しています。BさんがAさんの話を注意深く聴いていない——つまり「軽聴」しているのが原因です。

したがって、両者の言い分はまるで噛み合っていません。Aさんは「だから、俺もそう言ってるじゃないか」と反論したくなります。

このように**「軽聴」する人は、話のみならず相手の存在そのものをも軽く扱っています。**相手と正しく向き合っていない、相手の立場に立って物事を考えていないといえるでしょう。

これが雑談なら、

「だから私もそう言ってるじゃないのー」

と笑って応じることができますが、ビジネスにおいて論理的なコミュニケーションをする場合はご法度です。

部下「新しい商品を開発しても、売上は伸びていません。もっと販売力を鍛えないといけないと思います」

上司「何を言ってるんだ。そうじゃないだろう！　この前も経理の若い子が、『新しい商品を出したのに全然売上が伸びていない。どうしてもっと売れる商品を開発しないんだろう』だなんて不平を言っていたが、全然わかっていない。売れない理由をすぐに商品のせいだと思い込む人がいるが、とんでもない間違いだ。どうして、もっと販売力を鍛えようという発想が出てこないのか！」

この上司は、まったく部下の話を聞いていません。「新しい商品」「売上が伸びていない」というフレーズを聞いただけで、頭に血が上ってしまったのでしょう。

こういう「軽聴」する癖のある要注意人物と話をする場合、事前準備や話し方を工夫する必要があります。

つまり、**資料などを準備**し、

部下「課長、今期こそは販売力を鍛え直さないといけないと思います。こちらの資料を見てもらえませんか。新商品が出たにもかかわらず、この新商品のセールスポイントを把握している販売員の数が30％にも満たないのです。実際に現場に出てヒアリングしてみましたが、新商品を積極的にお客様に紹介している販売員はごく少数です。したがって、もう一度、販売力を鍛え直さないといけないと思います。今期の売上が伸びていないからです」

このように、**数値データなどの論拠も添えて自分の主張を繰り返す**のです。「販売力を鍛え直さないといけない」と、何度も言うのです。

こうすることで、上司も「軽聴」することはできなくなります。「そうだな、そうそう。私も前からそう思っていたんだ」と同意してくれるでしょう。

ストレスを溜めないためにも、最後まで話を聞かない相手を正しく見極めて、しっかり事前準備をしておきたいですね。

話が噛み合わなくなる「3点セット」

この3つが揃うと、絶対に話が噛み合わなくなるという「3点セット」がありま
す。

要素は、**「人」「コミュニケーション媒体」「内容」**の3つです。

まず「人」とは、これまでに何度も触れた「要注意人物」のことです。

「コミュニケーション媒体」とは、メールやSNSなどの一方通行の媒体です。

そして、「内容」です。

「内容」とは、つまり「話の中身」のことを指すのですが、この**話の中身が複雑であったり、込み入った内容だったりすると、「早とちり」される**可能性が高まります。

たとえば、

「業績が好調なので、全員、給料を10%アップする」

このようにシンプルな内容であったら、曲解されることは少ないでしょう。

しかし、

「業績が好調なので、給料を10％アップする。ただし、技術職の中で、管理者手当がついている者は評価項目によってアップ率は変動する。また、技術職についてから2年以内の者はその限りではない」

　こう言うと、

「技術職の連中だけ、給料アップしないんだって」
「技術職になってから2年の人は給料アップしないのか。なんか変だな」
「私は経理だけど、すでに管理者手当がついているから評価で連動するんだな」

……などと「早とちり」される可能性は高まります。

　ただ、「給与」のように、多くの人が関心を持つ内容なら、

「結局、誰が10％給料がアップして、誰がアップしないのか、よくわからないので、もう一度説明してほしい」

と質問し、確認をしたくなる人も多いことでしょう。デリケートな内容なので、ミスコミュニケーションを回避したくなるのが普通の心情です。

　それでは、営業からの売り込みだったらいかがでしょうか。

営業「今回、ご紹介させていただく商品Aは、これまでの商品よりも価格が20%高くなっています。商品Bに関しては価格を据え置きました。ただ、これまでの当社の商品を2年以上使ってくださっているユーザー様に関しては、オプションCをつけることにより、一律30%オフとさせていただきます。オプションCの価格も値上げしましたが、キャンペーン期間中は、ほぼタダ同然のオプションとなっております。ということはオプションを組み合わせることによって商品Aの価格は——」

こういう営業トークを聞いたお客様で、その商品にさほど関心がないのであれば、「リスニング」の意識は低くなりますので、

「今度の商品は前より20%も高いのか」

「値上げしたオプションまで組み合わせる必要があるなんて、すごく高くなったイメージ……」

このように、「早とちり」される可能性は高まります。

面と向かって話をしていれば、表情や態度で「この人、誤解しているかも」と察知

できます。

ですから、

「当社の商品がずいぶんとお求めやすくなったことをご理解いただけたでしょうか？」

と質問&確認ができます。

「お求めやすくなった？　逆に高くなったんでしょう、20％も」

と言われれば、

「私の説明がヘタで申し訳ありません。もう一度、説明させてください」

と挽回できます。

しかし、先述した文章をメールで送ったらどうでしょうか。相手が要注意人物であれば「リーディング」する意識が低く、精読してくれません。

「要するにアレだろ？　20％高くなったからオプションでごまかそうってわけか。もうこの会社との取引は終わりだな」

このように誤読されたら、取り返しがつきません。

話を正しく噛み合わせるためには、**話の「内容」をできる限りシンプル**にしましょう。「要注意人物」に「メール」で「複雑な内容」を伝える――という3点セットは、絶対に回避したいところです。

ほぼ「100%」、話が噛み合わなくなるケース

「3点セット」がなくても、こうすることによって、ほぼ確実に話が噛み合わなくなるというケースがあります。

それは、**「話し手」と「受け手」の間に「他者」を介入させる**ことです。

この「他者」が「要注意人物」で、さらに複数人数になっていくと、もうまるで話が噛み合わなくなっていきます。

歯車（A）と歯車（B）を噛み合わせるために、他の歯車（C）や歯車（D）を間に入れると、どうなるか、想像していただければよいでしょう。

しかも、歯車（C）や歯車（D）の大きさや回転スピードが異なっていたり、どこかで「空回り」を始めたら、いつまで経っても歯車（A）と歯車（B）は噛み合いません。

人が間に入ると、話が噛み合わない

「伝言ゲーム」現象にご用心！

A「どうしていつまで経っても資料を提出しないんだ？　期限は今週中と言っただろう」

B「え？　何の話ですか？」

A「先週の会議で議題になった内容だよ。C君から聞いてないのか？」

B「その資料って私がつくるんですか？　そんなこと初めて聞きました」

A「C君、ちゃんと伝えてなかったのか？」

C「いえ、Bさんにキチンと言いました」

B「えっ！　ウソでしょ！　そんなこと言った？　資料づくりについては聞いてたけど、私が資料をつくらなくちゃいけないって、そのことをハッキリ言った？」

C「はい。たぶん……。言った、と思います……」

B「えええええ。聞いてないって！」

C「え、あの、その……。実は、Bさんがその資料をつくることになっていたという話は、今、聞きました」

B「はァ？」
A「おいおい、どうなってるんだよっ！」

いわゆる「伝言ゲーム」のようなものです。悪気がなくても、話を省略したり、歪曲化して伝えてしまうことはあるのです。

よほど理由がない限り、間に「人」を入れることは避けたいものです。

「新入社員がいきなり取り引き先の社長に話をしようとしても、相手は聞く耳を持たないだろう。部長にお願いして、間に入ってもらおうか」

このように、信頼関係を構築できていない相手と話をするために、すでに関係ができている人に頼ることは有効です。ただ、これは応用技です。

基本は、**噛み合わせたい歯車とは、直接噛み合わせること**です。

あなたの「会話適応力」をチェックする4つのポイント

話が噛み合わない要注意人物やパターンについて、これまでにいくつか特徴を解説してきました。

話が噛み合わない要注意人物を識別し、話をする前に心の準備をしておくことは大切です。

ただ、どんなときでも話を噛み合わせればいいということではありません。**相手との関係を崩さないよう、ペースを合わせながら会話の主導権を握っていかなければならない**からです。

そこで、ここでは、あなたがどれぐらいの「適応力」があるのか、4つのポイントに分けてチェックしてみましょう。

それは、**「頑固」「無邪気」「思考停止」「柔軟」**の4つです。

話が噛み合っているかどうかを正しく認知できるか。相手の話にペースを合わせることができるかで4パターンに分類してみたいと思います。

①頑固
・話が噛み合っているかどうか認知できるか？　↓◯
・話を相手に合わせられるか？　↓×

②**無邪気**

・話が噛み合っているかどうか認知できるか？　↓　×

・話を相手に合わせられるか？　↓　◯

③**思考停止**

・話が噛み合っているかどうか認知できるか？　↓　×

・話を相手に合わせられるか？　↓　×

④**柔軟**

・話が噛み合っているかどうか認知できるか？　↓　◯

・話を相手に合わせられるか？　↓　◯

融通が利かない――会話適応力①「頑固」

それでは、それぞれの「適応力」について解説していきます。

まずは「頑固」から見ていきます。

話が噛み合わない要注意人物である営業部長に対して、どのように部下が対応しているのか、次の会話文を部下の対応に注目して読んでみてください。

営業部長「やっぱり最近の子はガツンと言わないとダメだな。Aさんには話が通じない」

部下「部長、ちょっと待ってください。根気よく話していけば必ずAさんもわかってくれると、おっしゃっていたじゃないですか」

営業部長「私は最初からガツンと言わなくちゃいけないと言っている」

部下「おっしゃっていませんよ。最初は話せばわかるとおっしゃいました」

営業部長「なんだと？　隣の課のB君も、私のおかげで目覚めた子なんだから」

部下「隣の課のBさんですか？　Bさんは、銀行から来た幹部候補で、入社したときから意識が高い人です。それにBさんは、もう40歳で、最近の子じゃありません」

営業部長「いちいち挙げ足をとるような言い方をするな、私は部長だぞ」

部下「部長だから今まで遠慮していたんですが、はっきり申し上げますと、部長は発言に一貫性がないんです。だから新人のAさんは悩んでるんですよ」

営業部長「……んだとォ！　誰に向かって口をきいてるんだ」

話が途中でそれたり、論理的におかしなことを言われると、それを正したくなるのが「頑固」のパターンです。

この部下は、論理思考能力は高いのですが、柔軟性がないので、話の論点に固執し、意固地な態度を取り続けます。**相手と正しい関係を構築できないリスク**を常に持っています。

あまり考えていない人と思われる――会話適応力②「無邪気」

次に「無邪気」のパターンを見てみましょう。

営業部長「やっぱり最近の子はガツンと言わないとダメだな。Aさんとは話が通じない」

部下「そうですかァ。やっぱりAさんにはガツンと言わなくちゃいけませんか」

営業部長「そうだ。私はね、最初からわかってたんだ。言うべきときには、言わないとな」

部下「そうですね。言うべきときには、言わないといけませんね」

営業部長「隣の課のB君も、私のおかげで目覚めた子なんだから」

部下「へえ。Bさんも部長のおかげで目覚めたんですか」

営業部長「組織改革プロジェクトが4月から始まっただろ。確か君がリーダーじゃなかったか？」

部下　「そうです。私がプロジェクトのリーダーなんです」

営業部長　「あんなプロジェクト、やめてしまえばいいんだ。私がガツンと言ったら、それですべてがうまくいく」

部下　「そうなんですね。じゃあ、プロジェクトをやめましょうか」

「無邪気」な人は、話が噛み合っていないことを認知できません。話の論点・趣旨がズレても、相手に合わせることはできますが、**合わせるだけで、話の主導権を握られてしまう**こともあります。

要するに、何も考えていない、無邪気な人と言えます。人間関係を悪化させることはないでしょうが、問題解決能力はどうしても低くなってしまいます。

相手のスピードについていけない――会話適応力③「思考停止」

続いて「思考停止」パターン。

営業部長「やっぱり最近の子はガツンと言わないとダメだな。Aさんとは話が通じない」
部下「え……。ガツンと……？　Aさんに？」
営業部長「そうだよ、どうせモチベーションが上がらないだの、やる気が起こらないだの言ってるんだから。そういう子には、一発ガツンとやるのが一番いいんだ」
部下「……え」
営業部長「違うのかね？　君はどう思うんだ？」
部下「いや、あの……。だってAさんは……」
営業部長「隣の課のB君も、私のおかげで目覚めた子なんだ」
部下「えっ！　Bさん……？」
営業部長「そうだよ、B君のことを知らないのか？」
部下「それは知ってますが……」
営業部長「それと、組織改革プロジェクトもやめてしまえばいい。私がガツン

部下　「えええ？　プロジェクト、を……？」

と言ったら、すべてがうまくいく」

話の論点がおかしな方向に行ってしまったせいで、この部下は完全に「思考停止」となってしまいました。

いわゆる**「フリーズ」状態**のことです。

なぜ隣の課のBさんの話が出てきたのか、どうして突然、組織改革プロジェクトの話題になったのか、まるで理解できません。

話の主導権を握りたがる人は、頭の回転が速く、話題がポンポン変わります。

「思考停止」の人は、**人の話をじっくりと咀嚼しながら聞くタイプ**ですから、その**スピードについていけず、何がなんだかわからなくなって次の言葉が出てこない**のです。

わからないなりにも相手に合わせられればいいのですが、そういった柔軟性もなく、機転も利かないので、**黙り込んでしまう**のです。

一番理想的な会話適応力——会話適応力④「柔軟」

最後に、理想形といえる「柔軟」のパターンを紹介します。

営業部長「やっぱり最近の子はガツンと言わないとダメだな。Aさんとは話が通じない」

部下「そう、ですね……。確かに、時と場合によっては、ガツンと言うべきときも、あるでしょうね」

営業部長「そうそう。隣の課のB君も、それで目覚めた子なんだから」

部下「ああ、Bさんですよね。Bさんは本当に模範的な社員ですね。私も勉強させていただいております」

営業部長「いつも言っているとおり、そういう汚れ役は私に任せたまえ」

部下「はい。本当にいつもありがとうございます。ところで先日の会議での件ですが」

営業部長「ん、どうした？」
部下「社長から会議資料が多いので、ひとまとめにしろと言われておりまして――」

このパターンでは、「ストレートに部長に相談した自分がバカだった」「部長がAさんにガツンと言わないよう、この話を忘れさせることが先決だ」「人事部長なら話せばわかるから、別の対策を考えよう」などと、部下は、このようなことを頭で思い描きながら、すぐさま対応しようとします。

上司と同じように頭の回転が速いからこそ、このような機転が利くのです。心の中では「この、わからず屋！」と思っていても、**意固地になることなく話を合わせたの**です。まさに柔軟な姿勢といえます。

そして、**最も大切なことは、話の主導権を渡さない**ことです。

「川の流れ」にうまく乗るときの最重要ポイント

「柔軟」な人は、相手に合わせながら、話を噛み合わせたり、噛み合わせなかったりして、相手とのペース、呼吸を読んでいきます。

ポイントは、「観察眼」です。

話の噛み合わない人は、「流れの速い川」と考えてもよいでしょう。

「頑固」の人は、川の流れに逆らおうとするため、結果的に立ち往生してしまいます。

「無邪気」の人は、川の流れに飲まれて流されてしまいます。

「思考停止」の人は、川の流れに抵抗しますが、抵抗が弱すぎて溺れます。

「柔軟」の人は、川の流れを正しく観察し、その流れを利用しながらうまく乗りこなします。

なかなか話が噛み合わない人とは、安易に「話せばわかる」とは思わないことです。

根気よく話し合うことでわかり合えることはあるでしょう。しかし、相手が感情的になっていたりする場合は、**冷却期間も必要**です。川の流れが激しい場合は、「いったん岸に上がり、川の流れが落ち着くまで待つ」というのも手なのです。

「柔軟」の人はそのことをよく心得ています。

たとえ話が噛み合わなくなっても、すぐに噛み合わせようとせず、主導権を握りながら、いったん話をそらします。そして時間をかけて根回しをしたり、別の視点で考えてもらったりしながら、じっくりと噛み合わせていくのです。

営業部長「この前、人事部長と飲んでいるときに言われたが、やはり若い子は難しいな。昔のようにガツンと言えばいいかというと、必ずしもそうとは限らんようだ」

部下「部長、本当にそうですよね。私もよく間違えます」

営業部長「私は少し、焦りすぎたのかな……」

部下「そんなことはありませんよ。Aさんも今回のことで、いい勉強になったと思います」

営業部長「それだといいんだが」

部下「ただ、大変お忙しいと思いますので、新入社員の教育を、私の組織改革プロジェクトでも取り上げていきます」

営業部長「ああ、そうしてくれるとありがたい」

部下「かしこまりました」

柔軟性のある人は、腹の中では「やれやれ」「ずいぶん遠回りしてしまった」と思っても、決して表情には出しません。このように、**話が噛み合わない人を巻き込みながらも話を前へ進めるため**には、いったん相手とペースを合わせてみたり、時間を空けたりと、柔軟な対応が求められます。

第3章

話を噛み合わせる技術【基本篇】

「噛み合わせ」の補正は、メールより対面

いよいよこの章から、「話を噛み合わせる技術」の具体的なテクニックをお伝えしていきます。

まず、具体的なテクニックをお伝えする前に、前提知識として知っておいてほしいことがあります。

噛み合っていない話を噛み合わせるためには、**「リアルタイム性」がとても重要で**あるということです。

相手によってはいったん冷却期間が必要な場合もありますが、基本的にはリアルタイムで相互コミュニケーションしているときにすべきです。

高度情報化時代となり、一方通行のコミュニケーションが劇的に増えました。電子メールもそうですし、LINEなどのコミュニケーションツールや、ソーシャルメディアでのやりとりもそうです。

一方通行のコミュニケーション媒体を使うと、相手の反応が見えないため、自分の

意見や主張を一気に書いてしまうことがあります。もしも感情的になっていると、途中から暴走してしまうこともあるでしょう。

たとえば、92ページで取り上げた会話事例について考えてみます。

営業部長が部下にメールで自分の意見を言ったらどうなるでしょうか。今回は、あなたが「部下」の視点で読んでみてください。

営業部長「お疲れ様です。Aさんの件ですが、やはり最近の子はガツンと言わないとダメだなと最近思うようになりました。どうもAさんとは話が通じないのです。隣の課にいるB君も私の助言で成長したという事実もあることだし、ここは私に任せてくれないだろうか。絶対にこれでうまくいくと思う。意見をください」

このようなメールを読んだ部下は、頭を抱えることでしょう。

「最初は話し合うと言ってたじゃないですか」「特にAさんにはガツンと言ったらダメでしょう！　部長に不信感を持っているんですから」「それにBさんはもともと意

識の高い人だったはず。この人、何を勘違いしてるんだ……」

営業部長のメールの内容は、独善的な主張に終始しています。この状態だと、相手とペースを合わせながら感情を鎮めてもらうことができません。

さらにメールなどは、相手のレスポンスを待たずに、自分の主張を繰り返すことができます。

先ほどのメールを部下がチェックする前に、もう一通、営業部長から以下のようなメールが追加で来ていたら、どうでしょうか。

営業部長

「さっきメールを書いていて思ったんだが、君がリーダーをしている組織改革プロジェクトもやめたほうがいいんじゃないか。これまでプロジェクトとして、まるで成果を出していない。話し合いを繰り返すだけムダだと私は思うので、プロジェクトは解散して、私の思うようにやったほうが組織はまとまる気がする」

営業部長の2通のメールを続けて読んだ部下は、頭が真っ白になることでしょう。

「もともと、上層部からの一方的な指示や命令を若いスタッフが嫌っているから、組織改革プロジェクトが立ち上がったという経緯があるのに、こんなことを言い出すなんてメチャクチャだ！」と言いたくなるでしょう。

メールやLINEなどのコミュニケーション媒体はとても便利です。しかし、要注意人物と「論理コミュニケーション」をする際には、細心の注意を払ったほうがいいでしょう。

対面ではなく、メールで長々と自分の主張を書く人は、相手の意見を聞く気がない、話し合うつもりがないと受け止めてもいいかもしれません。

そういう「スタンス」の人を相手にする場合は、メールが送られてきてからでは遅いので、**できる限り早いタイミングで「対面コミュニケーション」を取る**ように心掛けましょう。

噛み合わない話の補正は、対面がベストですが、それが厳しいようであれば、**せめて電話**での補正は試みたいものです。

対面は、表情や声色などの非現言語データを取得できます。電話であれば、声色は取得できます。

しかし、メールやＬＩＮＥなどの文字だけのツールでは、相手の非言語データは基本的に皆無です。

噛み合わない話の補正は、「文字コミュニケーション」が一番難しいと心得ておいてください。

話を噛み合わせる「聞く力」

「相手の話をよく聞け」とは、しばしば言われることです。お客様の話をよく聞け。上司の話をよく聞け。部下の話をよく聞け。親の話をよく聞け……。

いろいろな場面でさまざまな人が口にします。

この「相手の話をよく聞く」ことの意味合いは、大きく分けて３種類あります。

◎相手の話に、黙って耳を傾ける（hear）
◎相手の話、要望の論点を掴む（listen）
◎相手の要求やニーズを整理するために質問を重ねる（ask）

話が噛み合いやすいコミュニケーション手段はどれか？

①メール・SNS・手紙（文字）

言語データだけなので、意図や気持ちが伝わりにくい

②電話（音声）

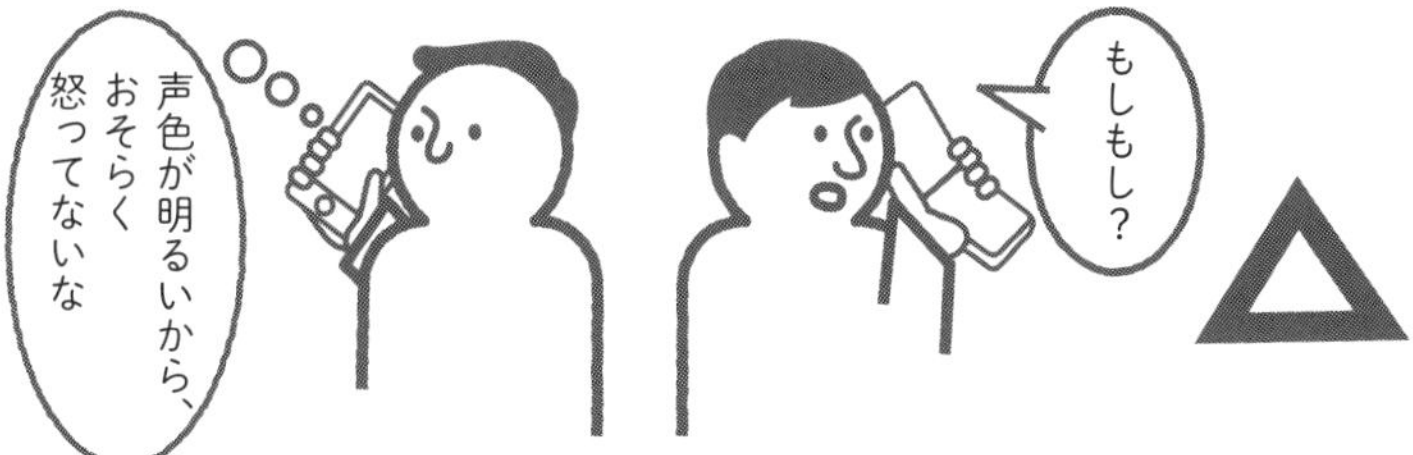

受け手が「声色」という非言語データが取得できる

③対面

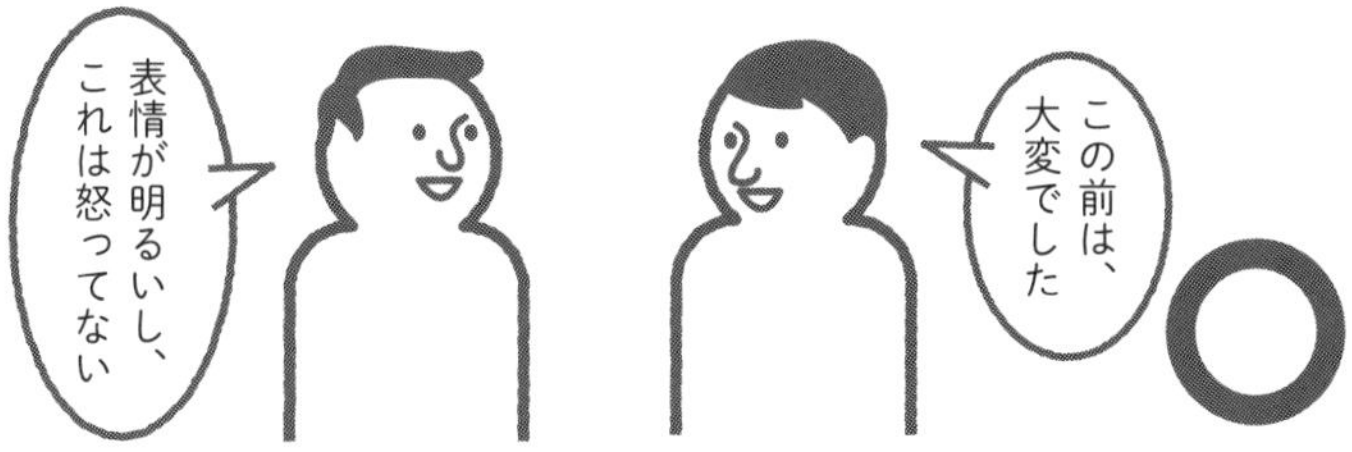

受け手が「声色」に加えて、「表情」という非言語データも取得できる

取得できる「非言語データ」の量が左右する

それでは、個々に解説していきましょう。

①相手の話に対して、黙って耳を傾ける（hear）

「相手の話に、黙って耳を傾ける」ためには、以下の2つの事柄を注意すべきです。

◎相手が話している最中に口を挟まない

◎相づちを打つなどして「聞いている」ことを態度で表す

いわゆる「傾聴」は、相手との信頼関係を築くうえでとても重要です。つまり、相手との関係を維持するために必要な「表面コミュニケーション」の1つです。

ただし重要なことは、相手が話したがっているケースに限られます。相手が話をしたいと思ってもいないのに

「何でも聞きますから、どうぞ喋ってください」

と訴えても、相手を困らせるだけです。特に上司が部下を呼び出し、「日ごろから

考えていることを話してくれ。今日は何でも聞くから」と言っても、「別に話したいことなど何もない」と思っていれば困惑するだけです。

②相手の話、要望の論点を掴む（listen）

「聞く」という単語は、「聴力をもって知覚する」という意味以外にも「細心の注意を払う」という意味も持っています。

感度を高め、相手の話のどこが論点なのか、何を要求しているのかに正しく注意を払うという「リスニング能力」です。話を前に進めるための「論理コミュニケーション」をするときに、特に重要です。

「hear」と「listen」の違いは、「要約文」にあると私は考えています。

妻　「私の友達が結婚のタイミングで、一戸建ての家を建てたいって言うんだけど、どんな家がいいのかしら」

夫　「一戸建ての家か……。増税前の駆け込み需要の反動減で、住宅メーカーはどこも大変らしいぞ。ほら、工務店を経営している鈴木さんとこも、けっこ

――うヤバイらしいからなァ」

夫は「一戸建ての家」というキャッチワードだけを拾い、このワードを中心に話をねじっています。ですから妻と話が噛み合わないのです。

こういう人は、相手の話に細心の注意を払っていません。ですから単語でしか話をとらえられないのです。

「相手の話の論点は何か」を注意深く聞くべきです。それは、**「要約文」を自分でつくることができるかどうか**にかかっています。

妻の話の要約文は「友人が家を建てるにあたって、どんな家がいいのか夫の意見を聞きたい」です。したがって、

「まだ若いんだろう？　あまり贅沢な家にしないほうがいいんじゃないか」

「一戸建てもいいけど、分譲マンションにするという手もあるぞ」

などと答えれば、話は噛み合ったでしょう。「要約力」がない人は、無駄に質問を重ねることがあります。

お客様「私としては、このスペックの範囲で100万円以内におさまるのであれば購入するつもりでいます。他にこだわりもないですから」

営業「そうですか。こちらの機能なんかはどうですか？　もう少しハイスペックにしたほうがいいですか？」

お客様「ですから、先ほどお話ししたとおり、こちらのスペックの範囲であれば大丈夫です」

営業「なるほど……。他にオプションで興味があるものはございますか？」

お客様「いや、ありません。こだわりは特にないですから」

営業「2カ月待っていただければ、もう少しスペックの高いものが110万円で手に入りますけれども」

お客様「ですから、100万円以内におさめてもらいたいのです。スペックも、今ので十分ですから」

営業「いや、他のお客様で、それならそのほうがいいって言う人もいますからねェ。念のためにお聞きしておこうと思いまして」

この営業はお客様のニーズを正しく要約できていません。営業自身の頭が整理されていませんから、質問する内容も場当たり的になっていきます。

「相手の話をよく聞く」ためには、「感度」を高める必要があります。

③相手の要求やニーズを整理するために質問を重ねる（ask）

最後に、「相手の要求やニーズを整理するために質問を重ねる」です。「聞く」という単語は、さらに「質問を提示する」という意味も持っています。

英語の「ask」に当たる「聞く・尋ねる」という意味です。

「質問を重ねる」ことによって相手の頭が整理されることはあります。

しかし、これは極めて高度なコミュニケーションスキルが必要です。当然、前述した2つのことができなければ、話になりません。

つまり、相手の話を正しく傾聴する態度、そして相手の話の論点を掴み取る感度の高さです。そしてタイミングをはずすことなく、効果的な質問を重ねないと、まったくうまくいきません。

重要なことは、**話の「論点」をセンテンスでとらえる**こと。主語と述語とが噛み合った「要約文」として、正しく認知できているかです。

テレビの司会者が、個性豊かな出演者の話をまとめていくときに、どのようなふるまいをしているか、注意深く見てみましょう。

誤解されない、わかりやすい伝え方・話し方
——「ホールパート法」

それでは、どのようにすればよいのか？

「早とちり」されない、論点がわかりやすくなる話し方の基本的なテクニックをご紹介します。

まず**「論点」は、話の「幹」**だととらえましょう。

話の中心を構成する「幹」があり、**「枝」そして「葉」があると**、頭の中でイメージするのです。

そして、その**「幹」を一番初めに伝え、その後に、「枝」、そして「葉」の順番**に話してみるのです。

まとめると以下の3点となります。

◎一番伝えたい話の「論点」を簡潔に話す（論点＝幹）
◎二番目に、話の「幹」を補足する「枝」をすべて話す
◎三番目に、話の「枝」を補足する「葉」を個別に話す

この話し方を「ホールパート法」と呼びます。

ホールパート法とは、最初に話の全体像（WHOLE）を相手に伝え、それから話の部分（PART）を説明する話し方です。相手の頭を整理させるうえで、とても簡単で効果的なコミュニケーション技術です。

よく「結果から話す」「結論から伝える」と言いますよね。

雑談などの表面コミュニケーションであれば、結論を最後まで話さずに引っ張る「物語（ストーリー）調で話す」のもいいですが、話を噛み合わせて前へ進めるための論理コミュニケーションをする場合は、誤解を避けるためにも、できる限りしないほうがいいでしょう。

「早とちり」されない話し方【ホールパート法】

話を木にたとえると……

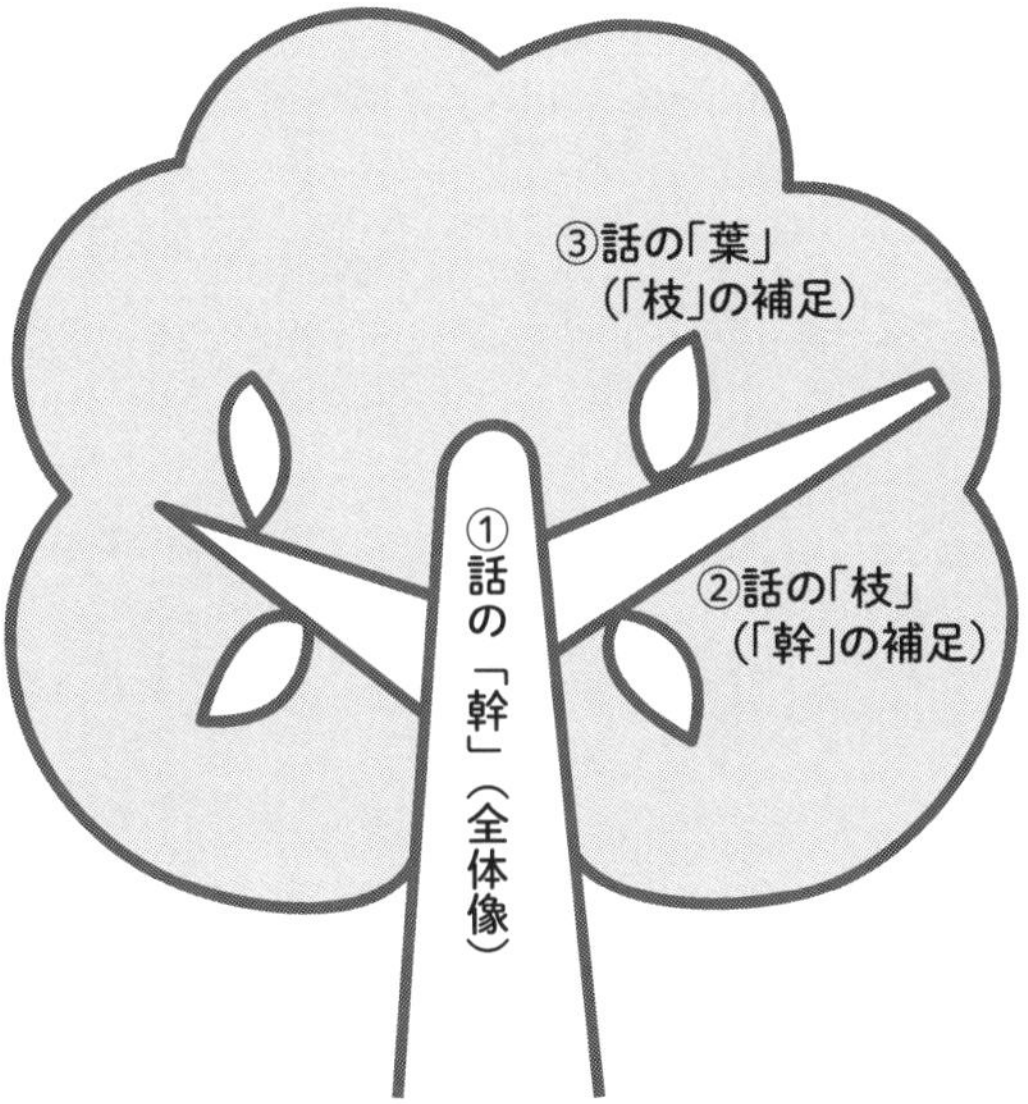

【例】あなたの「目標」を伝えるとしたら……

①目標（幹）：３年後に、自分の会社の売上を今の５倍にする
②アクションプラン（枝）：この目標を達成するためには、「新規顧客の獲得」「メディア露出」「社員意識の向上」の３つが必要である。
③具体的な行動（葉）：「新規顧客の獲得」のために、〇〇と▲▲と□□をする。「メディア露出」のために……（以下、枝を補足する具体的な行動を示す）。

「① ⇒ ② ⇒ ③」の順番で伝えるのがポイント！

ホールパート法を使わない会話、使った会話

では、具体的な会話のやりとりを取り上げながら、「ホールパート法」を解説していきます。

次の会話文を読んでみてください。

上司 「先日、社長と話をしていたら、今ものすごく危機感を覚えているということを話されていた。今年、7人の新入社員が入ってきたじゃないか。何だろうな、仕事中にお喋りが多いというか、ムダな仕事をしていることが多く、しかも長い時間、残業している子もけっこういるというじゃないか。残業代だってバカにならないんだから、もう少しコスト意識を持ってほしいんだよ。それに何と言っても――」

部下 「社長は残業代を支払いたくないので、とにかく早く帰れと言いたいわけですか？」

上司「そうじゃないよ、もっとコスト意識を持てって話だ。他にも出張旅費とか、通信費とか……」

部下「仕事中のお喋りだって、必要なときもありますよ。それに、ベテラン社員のほうが残業が多いじゃないですか。まず改善すべきは、そちらのほうでしょう」

上司「他にもあるんだ。出張旅費とか通信とか……」

部下「出張や通信にかかるコストだったら、なおさら新入社員は少ないでしょう。社長はなぜか今年入社した７人を毛嫌いしてる気がします」

上司「おいおい、そうじゃないって」

部下「新入社員だって日々、一所懸命頑張ってるんですよ。それなのに残業代や出張費をケチるなんて、社長はちょっと理不尽じゃないですか？　業績が悪く、利益を出したいのはわかりますが、それは経営陣の責任です」

上司「違うって、何を言ってるんだ……」

もしもこの上司が、話の「幹」「枝」「葉」を意識しながらホールパート法を使って話していたなら、相手は誤解せずに受け止めることができたでしょう。
それでは、以下のように修正してはいかがでしょうか。

上司　「新入社員7人のコスト意識を高めてやってほしい。特に意識してほしいのは3つのコストだ。

1つ目は残業。

2つ目は出張旅費。

3つ目は通信費だ。

1つ目の残業についてだが、7人の仕事量と時間外労働のグラフを比べると、3年目以降の社員と比べて半分以下の作業効率となっている。10年目以降のベテラン社員と比べると3分の1以下だ。いくら新入社員とはいえ、仕事の効率が悪すぎる。

2つ目の出張旅費だが、必要のない打ち合わせのためだけに出張に出かけている例が7カ月で16事例もある。誰が指示しているのか突き止めて見直すように。

３つ目の通信費だが、会社支給のスマホで、ゲームや占いなどの有料アプリをダウンロードしている新入社員が5名いる。すぐにやめさせてくれ。

繰り返すが、新入社員7人のコスト意識を高めてほしい。今、引き締めておかないとズルズルいってしまう可能性があるからだ」

話の「幹」は「新入社員7人のコスト意識を高めてほしい」です。

これを最初と、最後で繰り返しています。そして具体的なコストを指し示す「枝」の部分を「残業代」「出張費」「通信費」に分けています。「コスト意識を高めてほしい」だけでは、正しく伝わらないからです。

さらに、「枝」を補強するうえで、数値的論拠を「葉」の部分で語っているため、非常に説得力のある話し方になっています。このように話したら、

「新入社員だって一所懸命頑張ってるのに、残業代や出張費をケチるなんて社長は理不尽だ」

といった「早とちり」はされません。

簡潔に書くと、「枝」が3つあるケースでは、

①「幹」

②「枝1」「枝2」「枝3」←

③「枝1＋葉1」「枝2＋葉2」「枝3＋葉3」←

といったイメージで話すことです。

数値的根拠や具体的な事例である「葉」を話し終わったあと、もう一度3つの「枝」を繰り返し、最後に話の論点である「幹」を言って締めくくるとベストです。

「ホールパート法」のまとめ

つまり、こうなります。

①「幹」
②「枝1」「枝2」「枝3」←
③「枝1＋葉1」「枝2＋葉2」「枝3＋葉3」←
④「枝1」「枝2」「枝3」←
⑤「幹」←

話のキーワードを整理して繰り返し言うことで、「受け手」である相手の頭が整理されるのです。

「早とちり」しそうな人、「話半分」に聞いて自己主張を展開したがる相手と話をする場合は、特に気を付けたほうがよいでしょう。

「ホールパート法」を使うだけでなく、

◎「枝」や「葉」の部分で必要となる数値的根拠を「資料」などで用意しておく

◎途中で相手にレスポンスされないよう、最後まで駆け抜けるように話す

と、誤解される可能性はきわめて低くなります。誤解しやすい相手との間で話を前に進めようとする場合に、試してみてください。

会話のキャッチボールの秘策「バックトラッキング」

続いて「会話のキャッチボール」についてです。

どのような人が「会話のキャッチボール」ができないか、その特徴を2つ挙げます。

◎何らかの先入観を持っている人

◎話を上の空で聞いている人

以下の会話文を読んでみてください。

A「X商事の社長、今年中に引退して息子さんに事業を承継させるらしい。息子さんはまだ30代だから、経営の舵取りは大変なんじゃないかな。ちなみに社長は引退後、政治家になると言っていた」

B「政治家か……。政治家なんて、ロクなヤツがいないだろう。どうして政治家なんかになりたがるんだ」

A「息子さんとは面識がないため、今のうちに接点を持っておいたほうがいいと思う」

B「政治家になって、賄賂でさらに儲けたいのか」

A「……」

Bさんは「政治家」に対する偏った思い込みが強すぎて、「政治家」というキャッチワードを軸に会話をゆがませています。まさに会話のキャッチボールができない人の典型例と言えるでしょう。話を上の空で聞いている人も同様です。

君とは「話が噛み合わない」、あなたとは「話にならない」……などと言われる人は、基本的な会話のキャッチボールができていないことが多いので、まずはキャッチボールの練習をしましょう。基本は簡単です。

◎話を正しく「受ける」
◎話を正しく「返す」

この2つの動作を繰り返すだけです。もう少し詳しく言うと、

◎枝葉の話と区別しつつ、話の中の「論点」を正確に認知する
◎認知した「論点」が正しいか確認する

相手の言葉をそのまま流用し、質問形式で「おうむ返し」する。

このコミュニケーション技術を「バックトラッキング」と呼びます。とても有名なテクニックですので、知っている方も多いことでしょう。シンプルな技術ですが、とても効果的です。

「バックトラッキング」を活用した会話術

たとえばAさんから、

――Ａ「X商事の社長、今年中に引退して息子さんに事業を承継させるらしい。息子さんはまだ30代だから、経営の舵取りは大変なんじゃないかな。ちなみに社長は引退後、政治家になると言っていた」

と言われて、Bさんが、

――Ｂ「なるほど。X商事の社長は、引退後、政治家になると言っていたんだね？」

と返します。これがバックトラッキングです。

しかし、話の論点はそこではないので、Aさんはこう答えるでしょう。

A 「そうなんだけど、私が今言いたいのは、社長が政治家になる話ではなくって、社長が退くので、若い息子さんで経営ができるのかな、大丈夫かな、ということだよ」

もしBさんが正しく話の「論点」を正確に区別できていたら、

B 「そうか。X商事の社長、今年中に引退するんだね。そして息子さんが事業承継するのであれば、大変そうだと君は言いたいんだね」

となります。引退後に政治家になる話は「論点」とは関係のない、余計な話だからです。ここを区別して返してくれれば、Aさんは、

A　「そう。そうなんだ」

と返事をすることでしょう。

相手の話を正しくリスニングしているかどうか、それを確認するためにバックトラッキングするのです。

他にも事例を見ていきましょう。

C　「ゴールデンウィークに東京ディズニーランドへ行ってみたが、ものすごい人だった。さすがにあれだけの来園者がいると、スタッフの対応にも限界がある。うちの子どもたちも、とっても疲れていた。ああいうのを見ていると、私の店も忙しいときこそ、接客には気をつけなくちゃいけないと思い知らされたよ。その影響か、腰が本当に痛くてね……」

D　「へえ。ものすごく混んでいるディズニーランドへ行って、スタッフの対応にも限界があると思ったんだね。そして自分の店も忙しいときは、接客に気をつけなくちゃいけないって、そう思い知らされたということなんだよね」

C「そうそう、そうなんだ」

相手の話が長かったり、あっちこっちへと話題が飛ぶと、話を受け取る側は「論点」を掴むことが難しくなります。

つまり、正しい「要約文」をつくることができないということです。

しかしそこを区別できないと、正確なキャッチボールができません。

そんなときは、メモをとりましょう。

特に、上司やお客様の話を聞いているときは、メモをとるなどして、話を聞きながら頭を整理していくと、容易にできるようになります。

そうすれば、「先入観」によってバイアスがかかることも減りますし、集中力が低下し「上の空」になることも防ぐことができます。

第4章

話を噛み合わせる技術【応用篇】

相手と「前提知識」を合わせる方法──「省略」しないで話す

この章では、話を噛み合わせる技術の応用篇をお伝えします。特に**「論理コミュニケーション」をするときに気を付けるべきポイント**を紹介していきます。

一見、噛み合っているように見えても、論理的に噛み合っていない話を識別する方法です。

その代表例として「省略」について解説します。

何らかの先入観・思い込みによって、論理コミュニケーションにおける重要なパーツを「省略」して話すことによって、論理性が崩れるのです。

いくつか事例を紹介しましょう。

①「論拠」を省略する

「私の将来は明るくない」

「当社が開発した新商品は売れない」

「こんな目標は達成できない」

「将来は暗い」「新商品は売れない」「目標達成は無理」……。これらの結論に対する論拠が省略されています。

次の■■■に当たる部分です。

「（■■■だから）私の将来は明るくない」

「（■■■だから）当社が開発した新商品は売れない」

「（■■■だから）こんな目標は達成できない」

ですから、この結論は非論理的といえるのですが、この結論を「前提」として話が進むと、会話が論理的にゆがんでいきます。

「私の将来は明るくないよ、だから何もやる気が出ない」

「当社が開発した新商品は売れない。にもかかわらず設備投資を増やすのはおかしい」
「こんな目標は達成できない。目標を設定した社長はどうかしてるよ」

②「比較対象」を省略する

「給料が少ない」
「営業力が弱い」
「任される仕事が多い」

「少ない」「弱い」「多い」……。これらは比較形容詞ですから、比較対象を省略せずに話さないと、論理的なコミュニケーションにはなりません。

次の■■■に当たる部分です。

「(■■■と比べて)給料が少ない」
「(■■■と比べて)営業力が弱い」
「(■■■と比べて)任される仕事が多い」

前述した例と同じように、この結論を前提にして話を展開すると会話がゆがんでいきます。

「給料が少ないから、どうしても不満が解消されない」
「営業力が弱いから、全然売れないんだ」
「任される仕事が多いのに、そこまでは無理」

③「結論」を省略する

「君からの連絡がないものだから……」
「仕事がすごく溜まってるので……」
「やる気が出なくて……」

いわゆる「言わなくてもわかるよね」的な話し方です。
次の■■■に当たる部分が省略されています。

「君からの連絡がないものだから（■■■だ）」
「仕事がすごく溜まってるので（■■■だ）」
「やる気が出なくて（■■■だ）」

「省略」を察知したあとの対策法

背景や前提条件をお互いが共有していると、「話し手」が結論を省略して話をしても、「受け手」は何となくわかったつもりになってしまうものです。

しかし、**「だから、どうした？」**という突っ込みを入れずに会話が展開されると、当然、会話がゆがんでいきます。

省略された言葉は会話中には「見えないもの」です。したがって「見えないもの」に意識を向けることはけっこう難しく、スピーディに会話が展開している最中に、その「見えないもの」に意識をフォーカスするためには訓練が必要です。

雑談や世間話といった「表面コミュニケーション」ならともかく、「論理コミュニケーション」にギアチェンジしたときは、**相手の話に注意を払い、「論拠」「比較対**

象」「結論」……など、重要な手がかりが抜けていないかをチェックしながら聞きます。

何らかの「省略」を察知したら、以下の要領で質問していきましょう。

①「論拠」の省略……「なぜ＋具体的に、たとえば」

「当社が開発した新商品は売れない」

「なぜ、そのように考えるのですか？　具体的に、どのあたりが売れない要素となるのでしょうか？」

②「比較対象」の省略……「何と比較して」

「給料が少ない」

「何と比較して給料が少ないと思っているのでしょうか。同僚と比較して？　それとも、自分のライフプランで立てた目標と比べて？」

③「結論」の省略……「だから、何?」

「やる気が出ないんですよ……」

「やる気が出ないいんだね。だから、何なの?」

「見えないもの」を見えるようにする質問は、**正しくペーシング**(相手にペースを合わせたコミュニケーション)**しながら実行しないと「尋問」のようになってしまいます。**

相手が気分を害し、余計に話がこじれることもありますから気を付けたいですね。

ビジネスの現場では、やはり正しい「資料」といった仕組みを使ってコミュニケーションを取ることが、最も手軽で、誰にでもできる解決手段と言えます(正しい資料をつくることが前提です)。

何らかの問題を解決するとき、目標達成するときは、正しい資料を手元に置いてコミュニケーションを取ると、話が噛み合いやすくなります。

正しい資料とは、**論拠・結論などが「数値的」に表現された資料**のことです。資料については、第5章で詳しく解説していきます。

「相手を『外国人』だと思って話す」3つのポイント

これまでも何度かお伝えしたように、私は要注意人物と話すとき、相手を「外国人」だとイメージして接しています（この場合の外国人とは、「そこそこ日本語が話せる程度の外国人」と定義します）。

たとえ日本語がわかるといっても、相手が外国人だとわかれば、多くの人は以下の3つのポイントを心掛けて話すはずです。

①前提知識を丁寧に伝える。
②ゆっくりと話し、論点を繰り返そうとする。
③話が通じないときは仕方がないと思う。

たとえば、ルイスという名のメキシコ人マネジャーに、メキシコ本社にいる社長と話をしてほしいとします。

あなた　「ルイス、ぜひ今回の取引を成功させるために、ボスにこのことを伝えてほしい。ええと……ボスというのは、つまり君の会社の社長のことだ。必要な資料に、必要な事項を記入のうえ、送り返してもらいたい。必要な事項というのは3つだ。よく聞いてくれ。1つ目は――」

このように、相手が曲解しないよう、慎重に言葉を補足していくはずです。たとえ日本語がわかると言っても、相手は外国人ですから、もしも誤解されても、いちいち腹を立てません。

ルイス　「私がこの資料を記入して送り返せばいいんですね」

あなた　「いや、ルイス。もう一度言うけれど、この資料に記入するのは君の会社の社長だ。社長に説明するときに、この手引きを渡しておいてくれ。ここに、どうして社長ご自身の記入が必要か書いてあるから」

ルイス　「わかりました。この手引きに必要事項を社長が書いて送ればいいんですね」

あなた「いやいや、違う。この手引きに記入するわけじゃない。社長に記入してもらいたいのは、こっちの資料だ。ピンクの蛍光ペンで印をつけておく。これで間違えることはないだろう」

ルイス「このピンクの蛍光ペンはどこで買えるんですか」

あなた「え？　蛍光ペンのこと？　これならどこでも売ってるけど……」

ルイス「こういう蛍光ペンは見たことがない。とてもキレイに色が出る。私が日本に来たとき、一番驚いたのは、何より文房具が美しいことで――」

あなた「ルイス、ルイス。わかった。その話はあとにしよう。もう一度、整理させてくれ。これはとても重要なことなんだ。君の社長にやってもらいたいことは……」

このように相手があさっての方向へ話をそらそうとしても、相手が外国人だから仕方がないと思えますし、何とか理解してもらおうと、かなり慎重に対応するはずです。

話の「背骨」となる論点を繰り返し、相手に理解させようと努力することでしょう。

もしもこれが日本人であれば、

あなた「田中さん、この資料に必要事項を記入し、送り返していただけませんか。社長にそうお伝えください」

田中「かしこまりました。私が責任をもって記入し、返送します」

あなた「いえいえ。そうではなくて、社長にお願いしたいんです」

田中「え、社長が返送作業を？　当社の社長はそんな作業まではやりませんよ」

あなた「何を言ってるんですか。社長自身に必要事項をご記入いただきたいのです。なぜそうすべきかは、この手引きに書いてあります」

田中「どうして私ではなく、社長自身が記入しなくてはならないんですか？」

あなた「ですから、ここの手引きに書いてあるって言ったじゃないですか。蛍光ペンで印をつけておきます。記入してもらいたいのは、ここと、ここと……」

田中「あ、その蛍光ペンって、どこで売ってるんですか」
あなた「はァ？」
田中「けっこう発色のいいペンですね。売ってるところを教えてくださいよ」
あなた「そんなこと、今どうだっていいじゃないですか。田中さん、いつもあなたはそうやって……」

相手が日本人だとわかっていると、**「これぐらいで話は通じるはずだ」と、どうしても期待してしまう**ものです。ですから、その期待を裏切られるとイライラするのです。

正しい主張をするときは、コレで補足する

さらなる応用篇です。
話を噛み合わせ、何らかの結論を導き出すためには、その前提となる論拠が「事

実」であるかどうかはとても重要です。

「事実」と「意見」を切り分けて話さなければ、相手の先入観を取り除くことはできません。

ところで、この「事実」と「意見」を、どう見分けるといいのか。

「事実」とは、調査や実験によって客観的に確認できることであり、**「意見」とは個人的な見解や推論のこと**で、その人の経験によって左右されることが多いと言えます。

しかし「事実」と「意見」を混同する人が多く、注意が必要です。

たとえば、

「A課長は毎朝1時間早く出社し、部下7人に対して自分から挨拶をする人である。月に平均50時間の残業をしている」

というのは「事実」です。個人の見解や推論ではありません。

しかしながら、

「A課長は朝早くから出勤し、いつも遅くまで残業をしていて、仕事にとても熱心だ」

「A課長は積極的に部下とコミュニケーションを取ろうとしていて、模範的な上司だ」

これらは「意見」です。

「A課長は仕事に熱心だ。これは事実としか言いようがない！」、もしくは「A課長は部下育成に長けている、それは事実だ」と、どんなに声高に主張しても、これらは紛れもなく「意見」です。

この2つの文章は、個人の見解であり推論です。

したがって、これらを立証する「事実」によって補足する必要があります。

「A課長の部下7人のうち、5人が過去より営業成績を10％以上もアップさせている。成績のみならず、多面評価においても全員がAプラス以上、7人全員が社員アンケートに『成長の実感がある』と答えている。これらの事実により、A課長は部下育成に長けていると言える」

これは、**事実によって意見を補足**しているため、単なる思い込みの主張ではないと言えます。

「事実」と「意見」を区別するときの注意点

また、「意見」を述べる場合は、意見だとわかる「述語」を文章の最後につけ、その「主語」も省略せずにおくと、わかりやすくなります。

「私は〜と思う」「私は〜だと判断した」「私たちは〜という見解だ」という表現を付加するということです。

「最近、あの仕入れ先は評判が悪い」

この文章を「意見」だとわかりやすくするためには、

「最近、あの仕入れ先は評判が悪いと、私は思う」

と変えるのです。

責任の所在を曖昧にしたい人は、「述語」を「れる・られる」に変化させます。

「最近、あの仕入れ先は評判が悪い、と思われる」

問題解決するときのコミュニケーションも同様です。

「来期の目標を達成させるためには、最初に市場リサーチを行なうことが手順として最良だ」

という表現も、このままだと「事実」のようなニュアンスになってしまい、補足するための論拠を示さなくなってしまいます。

そこで、

「来期の目標を達成させるためには、最初に市場リサーチを行なうことが手順として最良だと私は考えている」

としたほうが「意見」だと発言者自身も認識できます。

こうすることで、なぜそのように「私は考える」のか、その論拠としての「事実」を伝えなければと考え、それを補うための話がつながっていきます。

「なぜなら、これまでの3年間、開発部の主観によって商品を市場に投入してきたため、3期連続で売上が5％以上落ち続けているからだ」

もしも、「れる・られる」で語尾をぼかすと、

「来期の目標を達成させるためには、最初に市場リサーチを行なうことが手順として最良だと考えられる」

このように評論家的なニュアンスとなり、言葉に説得力が宿らなくなります。

「事実」と「意見」を区別するためには、述語の使い方に敏感になったほうがいいでしょう。

「話は変わるけど」と言われても、話を変わらせない方法

次は、別の応用テクニックをご紹介します。

こちらが話をしているのに、その話を適当にスルーしておいて、「話は変わるけど」と強引に話題を変えようとする人がいます。

たとえば、このような感じです。

A「この前の忘年会で、新人のK君が司会をやっていたじゃない。彼って、おとなしそうに見えて、すごくしっかりしてるんだね。印象が変わっちゃった」

B「ふーん」

A「特に、ビンゴゲームを始めようとしたとき、席を立ってウロウロしていた

Y主任にビシッと言っていたでしょ、『席に戻っていただけませんか』って

B「……」

A「へえ。……で、話は変わるけど、先週の金曜日に行ったカフェって、何て名前だった?」

B「は――?」

A「ほら、新しいカフェが青山にできたから行こうって言って、それで一緒に行ったじゃない。何だっけ?」

B「……」

ある話題に対する一定量のやりとりがあったあと、「話は変わるけど」と言われて別の話題へと移行するならともかく、ほとんどやりとりがないのに話題を変えられたら、話し手はなんだか残念な気持ちになることでしょう。

雑談ならともかく、何らかの問題を解決したくて相談しているときに「話は変わるけど」と言われたら、困惑します。

妻「ねえ、今度の日曜日にお母さんが入院している病院へ顔を出してみない？まだ今年になってから行ってないから」
夫「ああ……」
妻「昨日、お姉さんからも電話があって、何か話があるみたいだったし」
夫「そうだなァ」
妻「……」
夫「そういえば話は変わるけど、来週の月曜日から北海道に出張になったから」
妻「……え？」
夫「隣の部署のKさんが急きょインフルエンザにかかったみたいで、俺が代わりに出張することになった。まいったよ、他に仕事も溜まってるから、急に出張に行けだなんて」
妻「……Kさんが、インフルエンザ……」
夫「そうなんだよ。子どもたちもインフルエンザ、大丈夫かな。流行ってるみたいだし」

文章にすると、かなり違和感があるやりとりのように感じますが、意外と無神経に話題を変えてしまう人はいます。

こういうときに「私の話をちゃんと聞いて」「勝手に話題を変えないでよ」と注文をつけると、相手は気分を害し「聞いてるって！　お袋の病院に行くって話だろ。顔を出すよ。わかってるって！」などと逆ギレするかもしれません。

そこで、「話は変わるけど」と言われても、話を変わらせない方法を考えてみます。

人の話を聞かず、勝手にスルーして自分の話したいことを優先させようとする人は、もともと**「感度」が低い可能性があります。**相手が「感度」が低く、こちらが「感度」が高いと、ペースが合いません。

ですから、ペースを合わせるために、こちらも「感度」を落とすのです。

強引に話題を「変えさせない」ようにせず、**こちら側も「話は変わるけど」のあとに出てきた話をスルー**します。

そのために心掛けることは、次の3つです。

◎レスポンスしない

◎リアクションしない、相づちを打たない
◎そっぽ向く、気持ちをそらす

相手が「話は変わるけど」と言ってから話す内容を、とにかく聞かないことです。気持ちをそらし、無反応、無関心、無表情でスルーします。そしてまた自分の話したい話題を持ち出すのです。

妻「ねえ、今度の日曜日にお母さんが入院している病院へ顔を出してみない？まだ今年になってから行ってないから」
夫「ああ……」
妻「昨日、お姉さんからも電話があって、何か話があるみたいだったし」
夫「そうだなァ」
妻「……」
夫「そういえば話は変わるけど、来週の月曜日から北海道に出張になったから」
妻「……」

夫「隣の部署のKさんが急きょインフルエンザにかかったみたいで、俺が代わりに出張することになった。まいったよ、他に仕事も溜まってるから、急に出張に行けだなんて」

妻「……」

夫「子どもたちもインフルエンザ、大丈夫かな。流行ってるみたいだし」

妻「……日曜日は、朝から廃品回収があるから、それが終わってから病院へ行ってみない？　午後からは用事があるから、午前中がいいな」

夫「え」

妻「日曜日の朝の廃品回収、覚えてるでしょ？」

夫「あ、ああ……。覚えてるよ」

妻「お母さん、果物が好きだから、土曜日にスーパーへ行って買ってくるわ」

夫「……わかった。ありがとう」

相手がスルーしたら、こちらもスルーする。こちらが感情をコントロールできないと、相手も感情的になってしまう可能性があるからです。

ビジネスの現場でも同じです。「話は変わるけど」と言われても、話を変わらせないよう、うまくふるまいたいものですね。

第5章

話を噛み合わせるツールのつくり方

「要注意人物」と資料を使って会話する手順

「要注意人物」と「論理コミュニケーション」をする場合、手元に何もない状態ではとても危険です。

「聞く理解」と「読む理解」は根本的に違うことを覚えておきましょう。

言葉は発声と同時に消えてしまいます。相手の頭に記憶として残ったか、そもそも正しく認知してもらえたかということについて、話し手はコントロールできません。しかも「要注意人物」は話している途中からドンドン想像・空想を膨らませてしまう傾向があります。

話が「あさっての方向」にズレたあと、元に戻すのも大変です。**先ほど話をしたことが記憶に残っているかどうかも疑わしい**ので、

「そもそも、どうしてこんな話題になったんだっけ？」

と質問され、その背景や前提まで再び話さなくてはならなくなります。

部下「社長、二次クレームの件数を減らすために、現在スタッフで毎朝ミーティングを実施し、それぞれの行動パターンをチェックしています。そこで……」

社長「二次クレーム？　あのさァ、そもそも二次クレームの件数は減ったのか？」

部下「え？」

社長「二次クレームを減らすことが目的だろう？　減ったのか？」

部下「いや、ちょっと待ってください。まずは一次クレームが発生したあとの行動パターンを見直すために、現場のモニタリングをするという話になっていたはずです」

社長「だいたいさ、この前もスタッフの接客態度を観察していて思ったんだよ。気遣いがないんだよ、最近のスタッフは」

部下「その話は前回も出ていましたが、まずは一次クレームが出たあとの初動スピードについて、ですね……」

社長「どうして最近の若い子は、気配りができんのかね。親はどういう教育をしてきたんだ」

部下「社長、私の話を聞いてくれませんか……」

このように、**要注意人物を相手にする場合は、事前準備もなしでコミュニケーションを取ろうとしてはいけません。**必ず、資料を手元に置き、そこに書かれている内容に沿って話を進めるのです。

会話をゆがませない「資料作成」の基本

それでは、資料作成のポイントを解説する前に、まずは資料の必要性に関して私の考えを述べます。

そもそも、なぜ目標達成や問題解決のために「資料」が必要なのか、です。理由はいろいろありますが、本書で取り上げる理由は1つです。

「本気度」を噛み合わせる。

つまり、**話を噛み合わせるだけではなく、「本気度」も噛み合わせる**ためです。

たとえば、社長が工場長を呼び出し、
「昨年よりもクレームの数が増えている。クレーム数を減らしてくれ」
と言ったとします。工場長は当然「わかりました」と答えるでしょう。さらに「いつも心掛けていますが、これからはもっと工員全員で取り組んでいきます」とも付け加えるかもしれません。
しかし、社長からこのように言われたらどうでしょうか。

――**社長**「期限と数値目標を決めて、毎週、確実にクレームの数が減っているかがわかる資料を作成し、提出してくれ」

工場長は驚いて、こう尋ねるかもしれません。

――**工場長**「期限、目標……と言いますと？」

今度は社長が驚く番です。

社長「さっき、君自身が『これからはもっと工員全員で取り組んでいきます』と言ったじゃないか。それを具体的に記すだけだ」

工場長「いや、そうかもしれませんが……。営業が中途半端な注文をとってくることも問題かと思いますが」

社長「君は何を言ってるんだ？『工員全員で取り組んでクレームを減らす』と言ったばかりじゃないか。私への社交辞令か？」

工場長「いや、そういうつもりではありません。ただ、クレームは営業部にこそ問題があって……」

問題の所在がどこにあるかはともかく、工場長が社長の依頼事項に本気で取り組もうとしていなかったことは明白です。話は噛み合っているように見えても、「本気度」は噛み合っていなかったのです。

話が正しく伝達しているか、噛み合っているかを検証するうえでも「資料」を作成

することは意味のあることです。

噛み合う「資料づくり」2つのポイント

それでは、そういった資料を作成するにはどのようなポイントを押さえたらよいのでしょうか。

ここでは、2つだけポイントを押さえましょう。

◎必要な項目だけを載せる

◎「意見」ではなく「事実」を載せる

したがって、資料はとてもシンプルになるはずです。

143ページで書いたとおり、お互い「事実」と「意見」を切り分けて話さなければ、先入観を取り除いて話を前に進めることができません。

したがって、**「意見」を補足する「事実」を列挙する**ことが重要です。

つまり**「言葉」だけではなく「数字」が並んだ資料**でなければならないということです。

たとえば、

「1年間でクレームを昨年の300件から150件へ半減させることを目標にするため、営業との発注プロセスを見直した。実際にプロセスを見直した後、月に1回、クレーム発生件数をモニタリングしているが、1月10件、2月13件、3月9件、4月11件……と、現時点では年間150件を下回るペースで推移している」

という「事実」を伝えられる資料を作成すればよいのです。これらの「数値的根拠」を口頭で伝えるのは難しいのです。

そして無駄な項目、文章は削ぎ落としておきましょう。

資料に不必要な項目を載せていると、「あさっての方向」へズレていく原因になるからです。

資料を使った「メモの取り方」——「パラフレージング」

資料を使ってコミュニケーションする目的は、何らかの相談や、アドバイスをもらったうえで新たな意思決定をすることです。ここで必要になるのが「メモの取り方」です。

ポイントは、以下の２つです。

◎メモの内容を相手に見せながら話す

◎資料に直接メモをする

相手の意見やアドバイスを、あらかじめ準備しておいた資料に書き入れていきます。そしてそのメモを相手に見せることです。

会話の論点は資料にあるはずですから、相手がその場の思いつきで何かを話し始めたら、論点がズレているわけですので、メモを取ることができなくなります。

「あなたの話は今、ズレていますよ」

というサインを送るためにも、相手に見せながらメモを取ることが重要です。

部下「この資料のように、スタッフの初動スピードは変わりつつあります」
社長「なるほど……。しかし、Kさんだけは、まだ一次クレームの対応スピードが遅いな」
部下「そうなんです。Kさんの意識改革が必要です」
社長「わかった。じゃあKさんには、私から言っておくよ」
部下「社長から直接Kさんに言ってくださるんですね。それは心強いです。いつにしますか?」
社長「うーん、そうだなァ……。じゃあ、明後日の夕方5時からでどうだろう」
部下「かしこまりました。『明後日の、夕方の、5時から』ですね」

ここで、部下は「2月1日、17時から社長がKさんへ」と、資料の上にメモをします。社長は書き込んだそのメモを見ています。

部下「ありがとうございます。それでは明後日の夕方5時ということですね。Kさんには社長から話があるとだけ伝えておきます」

社長「う、うん。そうだな。……わかった」

このように、**相談内容、改善事項を全部メモをとった後、この会話の中で決まったことをまとめて読み上げます。**これを「パラフレージング」と呼びます。パラフレージングとは、**適切な表現に言い換えて、相手にフィードバックする**ことです。

部下「社長、それではまとめさせていただきます。決めたことは3つです。まず1つ目は、初動スピードの遅いKさんには明後日の夕方5時に社長から直接ご指導いただく。2つ目は二次クレーム発生後の報告先を一本化する。3つ目は――」

すべてメモに書いてあることを読みあげるので、相手は記憶をたどる必要がありません。

要注意人物は想像力が豊かな場合が多いですので、このような手段をとらないと、話している最中から空想を始め、さらに「そういえばアレってどうなったの？」と言い出しかねません。

話を噛み合わせ、話を正しく前に進めるためには、シンプルな資料の上にメモを取ったうえで、意思決定した内容をパラフレージングしてみましょう。

資料に「グラフ」を掲載すると、さらに問題は激減する

「要注意人物」を相手にする場合、相手を「外国人」とイメージして話すように心掛けるべきです。

相手が「外国人」だと考えれば、**口先だけで話をするより、紙に文字を書いたり、数字を書いたりしながら説明したほうが話が通じる**はずです。

文章よりも「数字」で示したほうが、「早とちり」される可能性は低くなりますし、さらに言えば、その**数字の意味合いさえもビジュアル的に表現できれば、理解度は高まる**でしょう。

そのために「グラフ」を用意するのです。代表的なグラフの種類、それぞれの目的を図にまとめましたので参照してください。

ビジュアルで正しく伝えられる

グラフの種類

【棒グラフ】

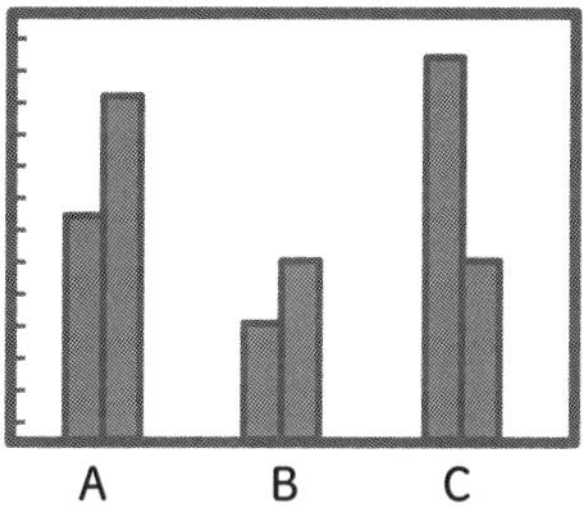

データの大小を比較する

【折れ線グラフ】

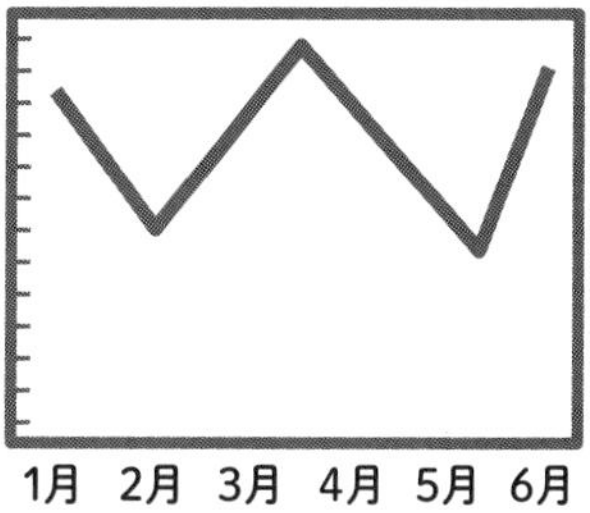

時間の経過に伴うデータの変化・
推移を表す

【円グラフ】

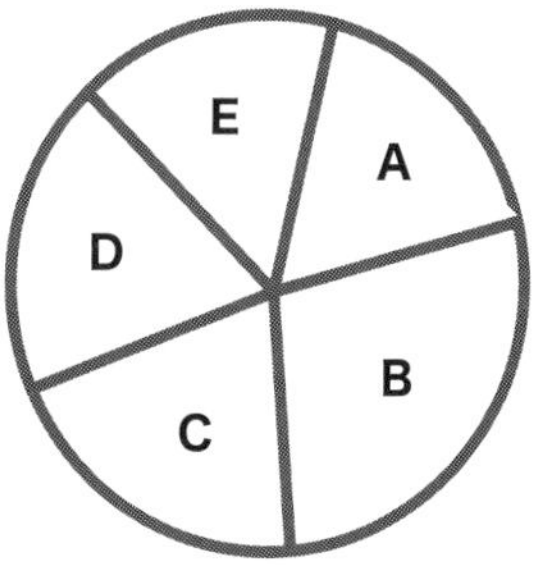

全体の中での構成比を表す

【散布図】

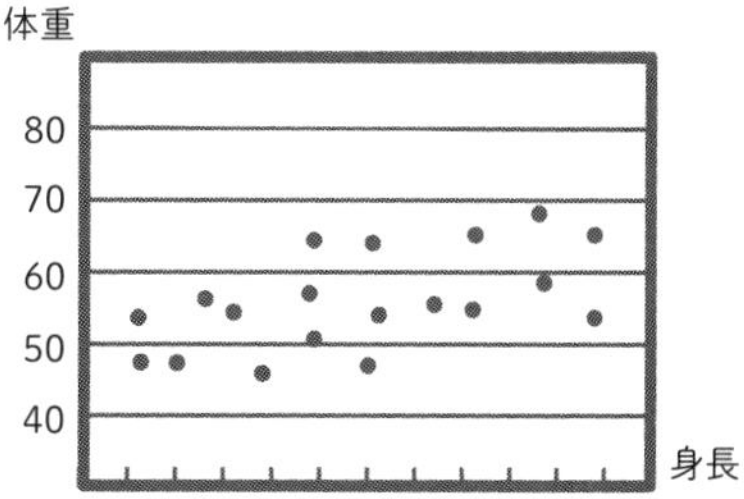

2 種類のデータの相関を見る

目的に合わせて使い分けよう!

「リーディング」の意識が低い相手と話をする場合は、「グラフ」を含め、ビジュアル的な図表を資料に載せることです。そして、それも**凝ったグラフではなく、シンプルにつくる**ことがポイントです。

第6章

話が噛み合わないほうがいいとき

ネタを増やさず、「雑談力」を身につける方法

「表面コミュニケーション」と「論理コミュニケーション」についてはすでに解説しました。バランスを考えると「8対2」ぐらいの割合になると、お互いの関係は良好な状態を保つことになります。

「表面コミュニケーション」は、たわいない雑談や世間話です。話をあえて噛み合わせないほうが楽しい会話になることが多いので、意識してやっていきたいものですね。

つまり、

◎あさっての方向
◎早とちり
◎結論ありき

これらの要素をガンガン取り入れた会話をする、ということです。

A「週末に小学生の息子と映画を観に行ったんだけど、すごく混んでたよ」
B「そういえば息子さんって映画俳優、目指してるんでしょ？」
A「映画俳優？　冗談でしょ！」
B「誰かがそんな話をしてましたよ」
A「おいおい、初めて聞いたよ。うちの息子はサッカーばかりやってるから、映画俳優だなんて、あり得ない」
B「高校時代までサッカーばかりやってた少年が、すごい俳優になったって話、ありますよ」
A「またまたァ、どうしてそうなるの！」
B「息子さん、イケメンだから、絶対いいですよ」
A「くどいなァ、俳優なんて、やらないって」

こういう表面的なコミュニケーションがポンポンできるかが重要です。お互いの関

係を構築するためにも、「オチ」のないような雑談ができるように意識しましょう。

常に「話は噛み合わせなければならない」と思い込んでいたり、相手に気を遣いすぎる人だと、

「そういえば息子さんって映画俳優、目指してるんでしょ？」

と、「あさっての方向」に話をそらしたり、「早とちり」だとわかっても、

「息子さん、イケメンだから、絶対いいですよ」

と、「結論ありき」で自分の考えを押し付けたりはできません。

雑談なのに、話を噛み合わせようとすると、次のようなとても退屈な会話になります。

Ａ「昨日行ったレストランはひどかった。あんなお店でやっていけるのかなと思ったよ。全然おいしくなかった」

Ｂ「どこのレストラン？　行った時間帯は？　どれぐらいの客単価で、どれぐらいの回転率があるんだろう」

Ａ「それは、わかんないけど……」

B「味が悪くても、客単価が安く客の回転率が高いのであれば、問題はないはずだ」

A「まァ、そうかもしれないけど」

B「多店舗展開しているレストランなら、調理師のクオリティを一定に保つことが難しい。その点も考慮しないと」

A「ううーん……」

何らかの問題解決のためのコミュニケーションならいいのですが、**雑談なのに話の論点を固定して話し続けると、話題が広がらない**のです。

相手との信頼関係を構築するためにも「雑談」は大切です。先にもお伝えしたとおり、歯車と歯車を噛み合わせる、潤滑油の役割をするからです。

雑談する力は、「雑学」や「ウンチク」をたくさん持っていればいいということではありません。話が噛み合わない会話の「ズレ」や、空想による決めつけた言い方――「ボケ」を楽しむものであり、あえて噛み合わせようとしないことも重要です。

話が噛み合っていないほうが、「ツッコミ」を入れられて、話が弾むことでしょう。

SNSでは、「噛み合わない話」を楽しむ

リアルでもネットでも、正しい「前提条件」を共有していない人とコミュニケーションをすれば、話が噛み合わなくなる可能性は自然と高くなります。

数年前、私がツイッターで「期末までまだ4カ月残っていますが、すでに今期の目標を達成しました」とつぶやきました。

ツイッターの知人の多くは「おめでとう！」「見習いたい」「さすが絶対達成コンサルタント」などと返信してくださいました。

しかしながら、中には、

「目標が低かっただけでしょう」

とレスポンスされる方もいました。その年に設定したのは前期より130％アップした目標でしたし、1年間、想定外のことが連続して起こり、正直なところかなり苦しんで達成したわけですから、その「前提知識」を知らずに「目標が低いから、達成できるんだ」と見知らぬ人から言われると、さすがに良い気分はしません。

そのときはスルーしたのですが、約1年後も、私は懲りずに「今期も早々と目標を達成しました」とツイートしたところ、また別の方々から（しかも3名！）、

「目標が低いに決まってる」

「低すぎる目標を達成しても意味がない」

「そんなに早く目標が達成するなんて、設定が低すぎるに違いない」

というレスポンスをいただきました。

昨年よりもさらに20～30％以上高い目標を設定し、これまで以上に苦労しながら達成したという自負があるのに、その「前提知識」を知らない方から「低すぎる」と指摘されるのは不条理だと私は思ってしまいました。そして、それからはこのようなつぶやきをやめることにしたのです。

しかし、今振り返って考えると、大人げないなと思います。

そんなことで腹を立てるようであれば、ツイッターなどしなければよいのです。そして、そのようなつぶやきをしないことです。

フェイスブックでも同じです。

「名古屋の喫茶店の味。スパゲッティナポリタンを作ってみました！」

と写真付きでフェイスブックに投稿してみたところ、

「仕上げにバターを入れると、さらにコクが出て美味しくなりますよ！　試してみてください」

というコメントをいただきました。私は調理の最後にバターを入れていたので、もしも私が柔軟性に欠ける、融通の利かない人であれば、

「仕上げに入れましたけど。どうして私がこのスパゲッティにバターを入れてないとあなたは思ったんですか？」

などと、そのコメントに返信したでしょう。

しかし、ソーシャルメディアでのコミュニケーションなんてそんなものです。**実際に会ったこともないような人と話をするのですから、完全に話を噛み合わせようとしてはいけません。この「ズレ」を楽しむ余裕が必要**なのです。

したがって、

「ありがとうございます。仕上げにバターですか！　それは思いつきませんでした。今度試してみます！」

と、このように相手に話を合わせるのです。

実際はバターを入れているので、事実に反することですが、これぐらいの柔軟性がないのであれば、ＳＮＳで他人と交流を持つのはやめたほうがいいでしょう。

「なるほど！　こういうコメントがくるとは思わなかった。勉強になるなァ」と楽しむぐらいの余裕を持ちたいですね。

イライラする相手を「黙らす」話し方

雑談などの「表面コミュニケーション」であれば、あえて話が噛み合わないようにしたほうが話は盛り上がると書きました。

その他にも、話をあえて噛み合わせないほうがいいケースがあります。

たとえば、話を聞いていてイライラしたときの対処方法として使うのです。

通常、誰かと話をしていてイライラしたときの対処法は３つです。

①反論する
②無視する

③黙らす

多くの人は「反論」をまず選択肢として考えると思います。

A「私の会社ですごく嫌なことがあったんだけど、聞いてくれる？　上司と一緒にランチを食べに行ったら、おごってくれるって言うんだよね。バカじゃないの？　って思ったわよ。だって600円だよ。たかが600円のランチ代ぐらい私だって払えるわよ。バカにしてると思わない？」

B「状況がよくわからないけど、いくらであろうと、おごってもらえばよかったじゃない。それに上司のことをバカとか言わないほうがいいんじゃないの？」

A「はァ？　状況がわからないんだったら、私の上司のバカさ加減がわかるわけないじゃないの」

B「え……。だったら私にそんな話をしないでよ」

A「私だって、したくてしたわけじゃないわよ」

B「何を言ってんの……」
A「とにかく私の上司はバカなのよ。別にあなたに理解してもらいたいだなんて思ってないわ」
B「ああ、もういい加減にしてよ。イライラする……。何を言ってるのかわかんないわ」
A「それはこっちのセリフよ。あなたが何を言ってるのかわかんないわ」

……と、イライラする相手と、**話を噛み合わせて反論しようとすると、よけいにイライラする**事態になるかもしれません。

「話にならない」「聞く耳を持たない」ような相手だから、話をしていてもイライラするのです。

したがって、正しく反論しようとしても話が噛み合わないことが多く、イライラ感はさらに増幅してしまうことでしょう。

「反論」も「無視」も、相手との関係をぎこちなくさせます。

そこで、相手にストレスを与えずに「黙ってもらえる方法」を考えてみます。10

0%効果てきめんの手法ではありませんが、試す価値はあると私は考えています。
その方法とは、**わざと「あさっての方向」に話をそらしていく**のです。
相手の話の論点「幹」に合わせるのではなく、**話の「枝葉」に合わせて話題を組み立てる**努力をします。

A「私の会社ですごく嫌なことがあったんだけど、聞いてくれる？　上司と一緒にランチを食べに行ったら、おごってくれるって言うんだよね。バカじゃないの？　って思ったわよ。だって600円だよ。たかが600円のランチ代ぐらい私だって払えるわよ。バカにしてると思わない？」

B「へえぇ。……ところで600円って言った？　ねえ、600円ってランチ代のこと？」

A「え……。そう、だけど」

B「けっこうリーズナブルだね。600円でランチかァ……。私の働いているオフィス街って、すごく高いんだよね」

A「……だいたい、いくらなの？」

B「だいたい850円から1000円かなァ……。1000円以内でランチできるお店って、全然ないんだよね」

A「ふーん」

B「それで最近、コンビニばっかり。でもさ、コンビニ弁当も、工夫次第では、けっこう美味しくなるんだよね」

A「……」

まともに話に合わせて反論すると、よけいにストレスがかかるし、自分に嘘をついて話を合わせる（つまり、この場合は、「へえ、そんな上司いるの？　本当にバカみたい」と無理に合わせる）こともできない。

そういう場合は、このように話の論点をねじり続け、話を「あさっての方向」へ無理やり飛ばします。

話をそらすことで、話し相手の高ぶっている感情も徐々に落ち着いてくるかもしれないからです。

もちろん、

「ランチ代がリーズナブルかどうかは関係ないでしょ。私は、うちのバカ上司の話をしてんのよ！」

と、相手が話の論点を戻そうとするかもしれません。

１００％うまくいく方法ではないのですが、**「早く話を終わらせたい」「話題を変えたい」と思ったとき**に試してみるのもいいでしょう。

経営コンサルタントである私は、部下の悪口ばかり言う経営者たちに対し、まともに、

「そんなこと言ってるから、部下はあなたの指示に従わないんですよ」

などと反論できないケースもありますので、

「ああ、部下と言えば、うちの部下に双子が誕生しましてね。聞いたときは驚きました。しかも双子ちゃんの名前もまた、よく似ていて……」

などと、話をそらすときがあります。

もちろん、**長い付き合いがあって、相手の性格をしっかり把握したうえでやるべき**ですが……。

「説教くさい人」と言われないために

何でもかんでも、論理的に、現実的に、話を噛み合わせようとすると、「面倒くさい人」「説教くさい人」というレッテルを貼られる可能性があります。

たとえば、私たち経営コンサルタントは、「面倒くさい人」「説教くさい人」とよく言われます。こういった職業の人は、特に気を付けたいところです。

先日、あるお母さんが小学校低学年の娘さんと、こんな会話をしていました。

娘さん　「クリスマスのプレゼントはなんにもいらない」
お母さん　「なんにもいらないの？」
娘さん　「そう。でも、サンタさんに願いごとは言う」
お母さん　「どんな願いごと？」
娘さん　「フィギュアスケートの選手になりたい」
お母さん　「え？　フィギュアスケートの選手になりたいの？　この前まで、お花屋さんになりたいって言ってたじゃないの」

娘さん「浅田真央ちゃんみたいになりたい」

お母さん「浅田真央ちゃんって……。あんな風になるには、現実的に、もう遅いんじゃないの？　あなたよりもっと小さなころから毎日練習しないと」

娘さん「じゃあ毎日練習する」

お母さん「あのねェ。本格的にフィギュアスケートをやるんだったら、都会まで出なくちゃいけないし、お母さんだって仕事があるから、現実的に考えたら、毎日送り迎えなんてできないわ」

娘さん「……」

このお母さんは、お子さんとの話を超現実的に噛み合わせようとしています。「そうねェ。浅田真央ちゃんみたいになれたらいいねえ。サンタさん、願いを叶えてくれるかなァ」と言って娘さんと話を合わせてあげればよいのに、途中から「説教モード」に突入してしまいました。

忘年会などの席で、説教くさい上司と話をしていると、同様に、このようなことが起こります。

部下「部長、私は来年、もっと頑張って働きますよ」
上司「そうか。いい心構えだ。期待しているよ」
部下「私の夢は、この会社を東証一部上場させることです！　頑張ります！」
上司「東証一部上場？」
部下「はい。まだ20名しかいない会社ですが、お客様からさらなる信用を勝ち取り、もっと規模を大きくして、東証一部上場を目指します！」
上司「おいおいおい」
部下「え……？」
上司「東証一部上場って言うけど、現実的に、どうすれば上場できるか君は知っているのか？」
部下「あ、いえ……」
上司「君は気楽でいいなァ。業界の伸長率と、ここ数年の当社の業績とのギャップを考えたら、東証一部上場なんて夢のまた夢だ」

部下「はァ……」

上司「それに上場すればいいってもんじゃない。買収リスクにもさらされるし、不特定多数の株主の意見を聞く必要も出てくる」

部下「申し訳ありません……」

上司「夢を見るのはいいが、現実を直視することも大事だ。そうだろう?」

忘年会の席なのですから、

「そうか!　わが社が東証一部上場か!　君ィ、大きく出たなァ。はっはっはっはっはっ。けっこう、けっこう。若いときは大きな夢を見たほうがいい!」

などと、上司の度量で笑い飛ばせばいいシチュエーションです。

「表面コミュニケーション」は、お互いの関係を正しく維持するためのものですから、**「現実的に」などと言って、盛り上がりかけた話に水を差すのは良くありませんね。**

男性要注意！
女性からの「相談スタイルの世間話」の対応術

他人からの相談事には、２種類の目的があることを知っているでしょうか？
その目的とは、以下の２種類です。

①問題を解決したい
②安心欲求を満たしたい

頭でっかちの人は、すべての相談の目的は前者の「問題解決」であろうと考えます。私のようなコンサルタントは職業柄、すぐにそのように判断し、後者の「安心欲求」目的の相談でさえ、問題を解決しに行ってしまう癖があります。気を付けなくてはなりません。

それでは、具体的に会話例を見ていきましょう。

たとえば、妻から以下のような相談をされたとします。

――妻「隣のお宅のほうから、昼間にしょっちゅう大きな叫び声が聞こえるんだけど、どう思う？　どうも小学生のお子さんの声じゃないかって思うの」

こういう相談であれば、夫は問題を解決するために頭を働かせないといけないでしょう。

――夫「そうだなァ、家庭にはいろいろとあるからな」

などと呑気なことを言っている場合ではありません。

一方で、以下のような相談をされたらどうでしょうか？

――妻「私の高校時代の友達が先月出産したんだけど、旦那さんが中国に単身で駐在することが決まったんだって。どう思う？　子どもが産まれたばかり

—なのにかわいそうじゃない」

こういう相談であれば、**相談というスタイルをとった世間話ですので、適当に返事をしなければなりません。**

夫
「その旦那さんが取り得る選択肢は２つあると思う。１つは辞令通り中国に駐在すること。もう１つは家から通える会社に転職することだ。通勤圏内にどのような企業が存在するかをまず調べたほうがいい。そしてその旦那さんの職歴や技能、年齢などを書き出し、転職できそうな先があるかどうかを検討する。知り合いに転職コンサルタントがいるから話を聞いてみてもいい。その旦那さんには俺から連絡を取ったほうがいいかな？　こういうことはすぐに動いたほうがいい」

などと、**本気で問題解決しようとしてはいけません。**
妻は「この人に相談するんじゃなかった」と思うことでしょう。

こういう場合こそ、

一夫　「そうだなァ、家庭にはいろいろとあるからな」

と、適当に返事をすればいいのです。

夫　「子どもが産まれたばかりなのに、単身で中国駐在っていうのは、大変だな。奥さんもそうだろうけど、旦那さんもツライことだろう」

妻　「そうなのよ。会社側ももっと配慮すべきじゃない？」

夫　「きっと優秀な人だから、将来を嘱望されてそういう異動になったのだと思う。でも、それにしてもなァ」

妻　「そうよ。今からでも何とかならないのかしら」

夫　「どうかなァ、けっこう難しいんじゃないかなァ」

これぐらいのテキトーさで世間話に付き合うべきです。

そうでないと、相手にペースを合わせたコミュニケーション（ペーシング）ができません。

レッテルを貼るわけではありませんが、**女性からの相談事は「安心欲求」を満たしたいという目的である可能性が多分にあります。**

その相談を受けて、論理的に話を噛み合わせたほうがいいのか、それとも表面的にだけ合わせればよいのか、正しく識別してギアチェンジできることが、円滑なコミュニケーションをするうえで大切なことです。

「要注意人物」はショートカットすべき?

「話を通しておかないと後でややこしいことになる人」がいます。逆に「話を通すと、かえってややこしいことになる人」もいます。

組織にかかわって働く者として、そういう人がいることを覚えておくべきでしょう。誰をショートカットしてはいけないのか。誰はショートカットしたほうがよいのか。

その点を頭に入れておくと、組織の中で上手にふるまうことができます。

どの「歯車」と、どの「歯車」を噛み合わせることによって、話が一番早く前に進むのか？ いわゆる「要領がいい人」は、こういうことを正しく掴んでいます。

「前回のシチュエーションでは、部長にひと言言っておいたほうがよいけれど、今回の場合は、言わないほうがいい」

無駄な労力、気苦労をしないために「歯車」として物事を考え、組織内でうまく立ち回っていきましょう。

こんなときは、「話が噛み合わない人」がいい

ここまで、さんざん話が噛み合わない「要注意人物」について取り上げてきましたが、**時と場合によっては、**

◎「話が噛み合う」↓OK
◎「話が噛み合わない」↓NG

にならないことも覚えておきましょう。

誰かから効果的なアイデア、切り口、視点をもらうことで、新たな「気づき」を得たいという人には、「話が噛み合う人」に話を聞いてもらったほうがいいでしょう。

しかし、自分のペースで、自分で喋って、自分自身で「気づき」を得たい人にとっては、「話が噛み合わない」人のほうがいいときもあります。

なぜなら、**根っからの「いい人」には話が噛み合わない人が多い**からです。次のAさんとBさんの会話を読んでみてください。

A「先日、会社で上司にめちゃくちゃ怒られちゃった。すごく落ち込んでいて、どうしたらいいかわからない」
B「へえ。でも、期待されてるからだよ」
A「そんなことないって。職場では私ばかり怒られてるんだから」
B「高校時代も、部活のキャプテンから期待されてたでしょう？」
A「そりゃあ、そうだけど。あのときはキャプテンからそんなに怒られなかっ

B たと思う」

A 「そういえばあのキャプテン、今どうしてるか知ってる?」

B 「え、なになに?」

A 「芸人の見習いやってるんだって! あんなに熱血体育会系だったのに」

B 「何それぇ〜」

A 「笑えるでしょう?」

B 「笑えるとかじゃなくって、私の話、聞いてる?」

A 「聞いてるって! さっきから真剣に聞いてるじゃないの」

B 「本当にぃ? もう〜」

A 「ドンマイ、ドンマイ!」

B 「ドンマイ、って言われてもさァ」

A 「その上司から期待されてるんだって、間違いないよ。ドンマイ!」

B 「もういいよ……。でも、ありがとう、なんだか少し元気になってきた」

A 「そう?」

B 「うん。なんだかんだ言っても、私に問題があるんだから、まずはキチンと

――自覚してやっていこうと思う」

Aさんの話の論点は「上司から頻繁に怒られて落ち込んでいる。どうしたらいいのか相談したい」です。にもかかわらず、Bさんはその問題解決に力を貸そうとしているようには見えません。

Bさんなりに A さんを勇気づけようとしているのでしょうが、話が噛み合っていないのです。

しかし、結果的にAさんは癒されて元気が出てきました。そして自分なりの気づきを得たようです。

とはいえ、もちろん「話が噛み合わない人」はみんな「いい人」かというと、そうではありません。**根っからの楽天家でポジティブ、あまり深く物事を考えない人は「いい人」になる**でしょう。

しかし、押し付けがましく、威圧的で、人の話を聞かないような「話が噛み合わない人」は、絶対にNGです。

「自分の話を聞いてくれるだけでいい」と言う人は、「話が噛み合わない人」で「楽天的な人」を見つけてみましょう。

「あきらめる」という選択肢

何とか話を噛み合わせたいと思っても、どうしても噛み合わない人がいます。根本的な「思考パターン」が異なる可能性が高いからです。

しかし、「思考パターン」を同じにできなくても、「表面的でもいいから、どうにかして噛み合わせたい」「何とか相手が抱えている問題を解決してやりたい」と思っても、どうにもならないことがあります。

B「この前、課長に頼まれた資料、今日の夕方までにやらなくちゃいけないんだけど、とてもそんな時間がないんだよね。どうしようか悩んでいる」

C「あ、そうなの。課長にそのこと、相談してみたら？」

B「課長って、私にばっかり仕事を振ってくる気がするんだけど、どう思う？」

C「そうかなァ、私にもいろいろと頼んでくるよ」

B「なんか最近、課長の目が気になるっていうか……。すごく私に対して怒ってる気がする」
C「そんなこと、ないでしょ」
B「なんで、こんな会社に入ったのかなって、思うときがあるんだよね」
C「……は？」
B「ねえ、何のために人は生まれてきたのか、考えることってない？」
C「何なの、突然？」
B「最近、そういうことをよく考えるんだよね」
C「それよりも、課長に頼まれた仕事をやったら？　すぐにやらないから課長に怒られるんじゃないの？」

B「やっぱり課長って、私のこと怒ってる？」
C「え……。それは、わからないけど」
B「だって今、言ったでしょう」
C「うーん……。それは知らないけど、仕事をすぐに始めないからどんどん時間がなくなっちゃうんじゃない？　あなたって、他にもそういうことあるよ」

B 「他にもって、何？」

C 「たとえば……。給湯室の掃除当番リストを作ってって先月言ったけど、結局なんだかんだ言ってやらないから私が作ったじゃないの」

B 「当番リストの話？　そもそも給湯室の掃除を女子に押し付けているオフィスの風潮に、私は疑問を持ってるわけ」

C 「……初めて聞いたけど」

B 「だっておかしくない？　女子ばかりに給湯室の掃除当番が回ってくるなんて」

C 「それは、そうかもしれないけど……」

B 「なんか、そういう悪しき風習がこの会社に根付いている気がするの」

C 「……」

1つひとつの「センテンス」に含まれる「キャッチワード」を拾い上げて、Bさんは思いつくままに発言し、会話をゆがませ続けています。

Cさんは何とか、話の「論点」を見つけて正しいレスポンスや助言をしようと四苦八苦しますが、Bさんが「あさっての方向」へ話をそらし続けるため、途中から「話にならない」と思い、あきらめてしまいます。

こうなってくると、Cさんも話し相手になることをあきらめざるを得ません。

C「とにかく、課長に言われたことは、早めにやっておいたほうがいいんじゃないの」

B「ねェ、あの課長って変な癖があるでしょ？　たとえばお弁当を食べる前に必ず歯を磨くとか」

C「……」

B「見たことない？　ねェ、あるでしょ？」

C「……あの、ちょっと私も忙しいから、そろそろ仕事に戻っていいかな」

B「あ、ゴメン」

適当に「あしらう」行為に罪悪感を覚える人もいるでしょう。

しかし、現代社会においてコミュニケーションストレスを少しでも減らすためには、仕方のないことだと私は考えます。

ある程度の期間、試行錯誤を繰り返すことは必要です。しかし、スキルや知識の問題ではなく、「思考パターン」にかかわることであれば、

「この人に相談はしないほうがいいだろう」

「この人とは適当に話を合わせておけばいい」

「この人が書き込むコメントは基本的にスルーしよう」

このように「いったんあきらめる」という選択肢は持っておいたほうが楽です。

話が噛み合う「魔法」を手に入れる方法

最後に、「魔法」について解説します。

実際は話が噛み合ってもいないのに、噛み合ってしまう不思議な現象です。

本来なら、話が噛み合いそうにない相手を特定したら、事前準備をし、効果的な資料をつくったり、面と向かって話をする機会をつくったり、結論から先に伝える話法

を駆使したり、信頼関係のある人物に間に入ってもらったり……、などの工夫が必要です。

ところが、そういうことをしなくてもまさに「魔法」にかかったように話が噛み合い、通じることがあるのです。

その**「魔法」の正体とは、「ラポール」**――つまり、「信頼関係」です。

部下「部長、実は新入社員のAさんのことで相談があります。Aさん、なかなか仕事に身が入らないようです」

上司「ほォ、そうなのか。要するにアレでしょ？　給料が低いからモチベーションが上がらないとか言ってんじゃないの？」

部下「それはわかりませんが……。とりあえず、私がリーダーをしている組織改革プロジェクトで取り上げていきたいと思っています」

上司「ふーん……」

部下「それでよろしいでしょうか」

上司「うん、Aさんについては君に任せるよ。ところでさ、先日の経営会議で出てきた設備投資の件、どう思った?」

部下「え、ああ、あの件ですか……」

上司「あんな設備投資をしてどんな意味があるんだ、と思ってさァ」

この部長は、部下の話を上の空で聞いています。「リスニング」の意識がとても低いと言えます。ですから、話がまるで噛み合っていませんし、部下から何を言われたかも覚えていないでしょう。

にもかかわらず、不思議な現象が起きるときがあります。

他の部下「部長、Aさんについて、放っておいてもよいのですか?」

上司「何のことだ?」

他の部下「新人だからといって甘やかしていないで、ガツンと言ったほうがいいんじゃないでしょうか」

上司「ああ、確かに。新人のころから、甘やかしちゃダメだろう」

他の部下「私もそう思います。ただ、組織改革プロジェクトでこのことについて話し合っていて、部長も了承したとプロジェクトのリーダーから聞きましたが、それは本当ですか？」

上司「え？　私が了承？」
他の部下「聞いていませんか？」
上司「うーん……」
他の部下「……」
上司「聞いたような、気がする」
他の部下「え？」
上司「確かに、私がプロジェクトに任せると言った覚えが、ある……」
他の部下「え、本当に？　部長が？」
上司「そうだ。たぶん、私が言ったんだと思う。今の時代、誰に対してもガツンと言ったらいい、というわけじゃないから」

この部長は、前出した部下（組織改革プロジェクトのリーダー）に全幅の信頼を寄せています。

ですから、**その部下が言っているのであれば、そのほうが正しいのだろうと言ってくれます。**周囲は、まるで「魔法」にでもかかったかのように、不可思議に思うことでしょう。

営業とお客様の間柄でもよくあることです。

営業「今回、ご紹介させていただいた商品、いかがでしょうか。素材価格の高騰で、少しお値段が高くなりましたが、必ず満足されると思います」

お客様「うんうん。君がいいと言うのだから間違いないでしょう。買います」

営業「本当ですかっ！　ありがとうございます」

お客様「以前よりかなり安くなったんだろう？　いつも私の財布の中身のことを考えてくれてありがとう」

営業「え、いや……。決して安くはなっていませんが……」

お客様「大丈夫、大丈夫、妻には私が説得しておきますから」

営業「あの、本当に大丈夫ですか？」

お客様「大丈夫ですって、私に任せておいてください」

話が噛み合ってもいないのに、会話が成立してしまうのです。まさに**全幅の信頼を寄せているからこそ、このような不思議な現象が起こる**のです。まさに「盲信」という言葉がぴったりです。

コミュニケーションは、「言語コミュニケーション」と「非言語コミュニケーション」に分類できます。今回は特に「言語コミュニケーション」にスポットライトを当て、どのように話を噛み合わせるかについて解説してきました。

しかし、**多くの人は意外と人の話を正確に聞いていない**ものです。資料やチラシ、パンフレットを渡されても、驚くほど正しく知覚していないのです。

噛み合っていない要素を、言語的な処理で1つひとつ知覚させ、噛み合わせることもいいですが、非常に大変な作業であることは言うまでもありません。

ですから、やはり重要なことは「**日ごろの行い**」です。これは「非言語コミュニケーション」の分野であり、**マジメな勤務態度、前向きな姿勢、他者から期待され結果を出し続けることで、大きな信頼が寄せられる**ものです。

これが「魔法」の正体です。

小手先のテクニックも重要ですが、他者から信頼される日々の行いがあって初めて「魔法」を手にできると言えます。

エピローグ――「噛み合わない話」を楽しむ生き方

インターネットの普及により、何かと他人と「つながる」機会が増えた現在、人に「誤解」される機会もまた同様に増えたと言えます。

「一度もそんなこと言ってないのに、どうしてそう決めつけるわけ?」

と日々感じながら生きている人も多いことでしょう。

コミュニケーション手段が多様化していることにより、以前より増して、効率的に物事が進むと思い込んでいる人がいます。ある側面ではそうですが、別の側面からすると、そうではないのです。

「話せばわかる」と言う人がいます。

「キチンと向き合って話せば、きっと相手も理解してくれるよ」と言う人もいます。

そうかもしれませんし、そうでないこともあると思います。

問題なのは**「話せばわかる」と言う人ほど、相手の話を聞いていない場合が多い**ことです。いい人であり、ある意味、無邪気なのです。こちらも同じように無邪気であれば、

「そうだよね。きっと話せばわかるよね」

と言えるのですが、現実に直面していたり、問題解決に追われた身であったりすると、

「話せばわかる相手なら、最初から苦労しないよ！」

と言い返したくなるものです。

人と人との「会話」は、とても不安定なもの、ゆらゆらと動くものです。決められたルールの中で、論理的に展開するような「会話」とは、めったに出会うことはありません。

自分の話し方や伝え方、文章の書き方に対して、それほどナーバスになる必要はあ

りません。

それよりも、相手との会話を立体的に観察し、正しく噛み合っているのか、それとも話の論点が散らかってしまっているのかを識別できる習慣を身につけましょう。

そうすれば、もし、いくら工夫しても話が噛み合わないケースがあれば、

「あ〜あ、また噛み合わなかった。しょうがないな、もう」

と笑い飛ばすぐらいの余裕が持てるようになります。

自分の身の回りに存在する、すべての「話」を噛み合わせることは不可能です。昔と比べて、**1回でも2回でも、話を噛み合わせることができるようになったら「よっしゃ」と思えるぐらいで、ちょうどいい**のです。

本書が、皆さんのコミュニケーションストレスを少しでも減らすきっかけになることを願っています。

2015年11月

横山信弘

参考文献

『理科系の作文技術』木下是雄著（中央公論新社）
『日本語の作文技術』本多勝一著（朝日新聞出版）
『ロジカル・プレゼンテーション――自分の考えを効果的に伝える戦略コンサルタントの「提案の技術」』高田貴久著（英治出版）
『NLPの基本がわかる本　実務入門』山崎啓支著（日本能率協会マネジメントセンター）

【著者プロフィール】
横山信弘（よこやま・のぶひろ）
株式会社アタックス・セールス・アソシエイツ代表取締役社長。経営コンサルタント。現場に入り込んで目標を絶対達成させることを信条としている。戦略策定や仕組みの導入、リーダーの意識改革やコミュニケーション研修も行なうが、現場で調整役となり、直接的にキーパーソンの話を嚙み合わせ続けることで、停滞していた多くの組織を救い、改革を成功させてきた。超現場型のコンサルタント。年間100回以上の講演、セミナーもこなす。メルマガ「草創花伝」は全国2万9000名超の経営者、管理者の読者を抱えている。主な著書は『絶対達成する部下の育て方』『「空気」で人を動かす』『「空気」でお客様を動かす』など。ほぼすべての著書が中国、韓国、台湾で翻訳版が発売されている。

横山信弘メルマガ「草創花伝」 http://attax-sales.jp/mailmagazine.html
絶対達成チャンネル http://www.forestpub.co.jp/yokoyama/

話を嚙み合わせる技術

2015年12月1日　　初版発行

著　者　横山信弘
発行者　太田　宏
発行所　フォレスト出版株式会社
〒162-0824 東京都新宿区揚場町2-18　白宝ビル5F
電話　03-5229-5750（営業）
　　　03-5229-5757（編集）
URL　http://www.forestpub.co.jp

印刷・製本　中央精版印刷株式会社

ISBN978-4-89451-689-2 Printed in Japan

話を噛み合わせる技術

読者の方に限り
特別プレゼント

ここでしか手に入らない貴重な情報です。

「話が噛み合わない度」
チェックシート

（PDF ファイル）

著者・横山信弘さんより

本書の中で「話が噛み合わない人」の特徴やパターンをご紹介しました。そのエッセンスをチェックシート形式でまとめたシートをご用意しました。本書の読者限定の特別プレゼントです。ぜひノートや手帳の中に入れて持ち歩き、会社やプライベートで「話が噛み合わない、困った人」に出会ったときなどにご活用ください。

特別プレゼントはこちらから無料ダウンロードできます↓

http://www.forestpub.co.jp/hkg

※特別プレゼントは Web 上で公開するものであり、小冊子・DVD などをお送りするものではありません。

※上記特別プレゼントのご提供は予告なく終了となる場合がございます。あらかじめご了承ください。